KB059288

어떻게 하면 당신의 잠재력을 일깨울 것인가

How To Awaken Your True Potential

어떻게 하면 당신의 잠재력을 일깨울 것인가
How To Awaken Your True Potential

2023년 5월 31일 초판 1쇄 펴냄

**지은이** 파라마한사 요가난다
**옮긴이** 이현주
**펴낸이** 신길순
**다듬은이** 김수진

**펴낸곳** 도서출판 **삼인**
**등록** 1996년 9월 16일 제25100-2012-000046호
**주소** 03716 서울시 서대문구 성산로 312 북산빌딩 1층

**전화** (02) 322-1845
**팩스** (02) 322-1846
**전자우편** saminbooks@naver.com

**디자인** 디자인 지폴리
**인쇄** 수이북스
**제책** 은정제책

ISBN 978-89-6436-238-9  03180

값 12,500원

파라마한사 요가난다의 지혜

# 어떻게 하면 당신의
# 잠재력을 일깨울 것인가

이현주 옮김

삼인

발행인의 말

파라마한사 요가난다는 진실로 하나의 비전을 제공한다. 그의 지혜로운 권면을 통해 제한된 생각과 행동에서 해방된 당신은 내면의 고요 속에서 자신을 기다리고 있는 자유와 행복을 발견하게 될 것이다.

오늘날 명상은 건강 전문가로부터 스포츠 영웅에 이르기까지 다방면에서 수많은 사람들에게 널리 활용되고 있다. 요가난다는 이러한 명상으로 당신을 인도하면서 엄청난 잠재력을 찾도록 도와준다. 명상을 통해 스트레스 없는 삶과 내면의 평화를 넘어 자신의 위없이 높은 자아(self)를 찾고 그 진정한 잠재력을 실현할 방법을 배우게 될 것이다.

영감靈感으로 충만한 그의 이야기는 필수적인 단계들을 통해 온갖 한계로부터 해방되고, 매일의 습관을 고치고, 마음의 능력을 발견하고, 명상을 활용해 자신의 참 본성을 경험하고, 마침내 가없는 깨달음을 실제 삶에서 드러낼 수 있도록 안내해준다.

요가난다가 평소에 즐겨 말한 대로, "이제 하느님을 알 때가 되었다."

제1장

# 성스러운 초대

A Sacred Invitation

　　사방으로 막히고 제한된 골방에서 나오라. 생기生氣 넘치는 생각들의 신선한 공기를 들이마시라. 낙담, 불만, 절망의 독기어린 생각들을 토해내라. 질병, 노화老化, 죽음 따위 인간의 한계를 자신의 마음에 암시하지 말라. 그 대신 자신에게 끊임없이 일러주라. "나는 무한無限(the Infinite)이다. 잠시 몸을 입은 무한이 나다."

　　자기 신뢰의 오솔길을 오래 걸으라. 판단, 성찰, 창의를 연습하라. 자신과 다른 사람들 안에서 이루어지는 창조적 사유思惟를 거침없이 즐기라.

　　무엇보다도 명상하는 습관을 기르라. 명상은 자신을 무한에 연결시켜주는 내면의 스위치다. 마음을 모아 명상이 주는 효과를 붙잡으라. 그러면 자신이 몸과 마음과 영혼 안에 있는 힘의 저장고임을 알게 될 것이다. 명상의 평화로운 효과를 붙잡고, 몸 안에서 영원불멸을 느끼고, 온갖 경험의 변화무쌍한 물결 밑에 있는 하느님의 지극히 복된 바다를 느끼면서 영혼은 영구적인 회춘回春을 발견할 수 있다.

　　스스로 알기만 한다면, 그대들 모두가 신神(god)이다. 당신은 마땅히 자기 안을 들여다보아야 한다. 자기 의식의 물결 밑에 하느님의 바다가 있다. 당신의 신성한 태생권리(Divine Birth)를 주장하라. 깨어나라. 그러면 하느님의 영광을 보게 되리라.

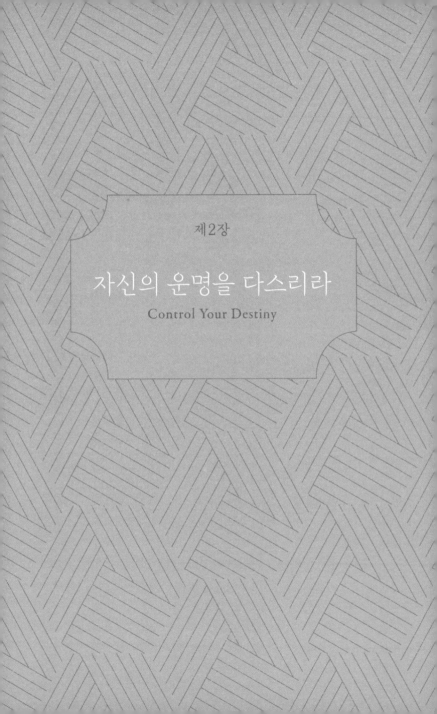

제2장

# 자신의 운명을 다스리라

Control Your Destiny

··❮ 1 ❯··

지난날 당신이 해온 그것이 오늘의 당신이다. 과거 행실의 발자취가 은밀하게 지금 자신의 행실을 통제하고 있다.

사람의 행위를 다스리는 인과응보의 법칙을 통해서 당신이 스스로에게 벌을 주거나 상을 주고 있다. 아마도 당신은 그동안 충분히 고통을 겪었을 것이다. 바야흐로 좋지 못한 습관의 감옥에서 스스로를 풀어줄 때가 되었다. 당신이 재판장이다. 당신이 자신을 해방시킬 준비가 되어있으면 그 어떤 고통과 궁핍과 무지의 감옥도 당신을 가두어둘 수 없다.

··❮ 2 ❯··

실패가 거듭되더라도 낙심하지 말라. 그것들을 당신의 육체적 정신적 성숙에 독毒이 되게 하지 말고 자극제로 삼으라. 실패했을 때야말로 성공의 씨를 뿌리기에 가장 좋은 계절이다. 실패의 원인을 제거하고 이루고자 하는 일에 더욱 박차를 가하라. 상황이 당신을 몽둥이로 치더라도 고개 숙이지 말라.

성공을 위해 노력하다가 죽는 것이 성공이다. 패배의식에 닻을 내리지 말라. 아무리 여러 번 실패했더라도 한 번 더 시도해보라. 최선을 다했고 이제 더는 못하겠다고 생각될 때 1분만 더 버티라.

예를 들어, A와 B가 링에서 권투를 한다. A가 생각한다. "주먹을 날리고 또 날렸지만 더는 못하겠구나." B도 같은 생각이다. 그런데 A가 다시 생각한다. "오냐, 한 번만 더 주먹을 날려보자." A는 그렇게 했고 결국 B를 쓰러뜨린다. 이것이 바로 당신이 해야 할 일이다. '한 번 더' 주먹을 날리는 거다.

··❮ 3 ❯··

버릇이란 의지력 없이, 새로운 행동을 창안할 새도 없이 몸을 움직이게 하는 정신적 자동기계다. 습관적으로 행동하기가 더 쉽다. 좋은 버릇과 덕행은 언제 어디서나 기쁨을 안겨준다.

이 자동기계를 잘못 사용하면 인간의 가장 큰 적適이 된다. 나쁜 버릇은 악행을 끌어당긴다. 나쁜 버릇과 죄는 인간의 영혼을 비참하게 만든다.

사람이 나쁜 버릇의 힘에 이끌려 스스로 원치 않는 짓을 하고 그 때문에 고통 받는 것이야말로 안타까운 일이다. 옳게 처신하는 버릇이 몸에 배어 선과 행복을 키우는 것은 경이로운 일이다.

인간의 삶에 미치는 버릇의 힘은 실로 막강하다. 많은 사람이 자주 선한 결심을 하지만 그 결심을 온전히 이루는 데는 실패한다. 보통 우리는 자기가 원하는 일이 아니라 제 몸에 익숙해진 일을 한다.

　자신에게 어떤 바람직하지 않은 버릇이 있더라도 낙심하지 말라. 선한 의지력과 올바른 명상을 버릇으로 삼아 그것들을 정복할 수 있다. 지금이 그때다. 그릇된 행동의 마수魔手에서 해방되어 자신이 원하는 결과를 빚어줄 생각과 행동을 새로운 버릇으로 만들 수 있다는 얘기다.

··❮ 4 ❯··

　무엇을 하겠다는 의지력이 부족하면 하지 않겠다는 의지력을 기르라. 식탁에서 탐식으로 자제력이 마취되어 필요한 양보다 더 먹고 싶다는 유혹을 받을 때 자신을 지켜보라. 먹을 만큼 먹고 나서 스스로에게 말하라. '더 이상 안 먹는다.' 그러고는 식탁에서 일어나 도망치라. 누가 뒤에서, "어이, 돌아와서 사과파이를 맛봐야지."라고 부르면 한 마디 등 뒤로 던져라. "안 먹어!"

··❮ 5 ❯··

　유혹을 피하는 유일한 방법은 그보다 높은 무엇이 있음을 아는 것이다. 유혹이 오면 우선 행동을 멈추라. 그런 다음, 이성理性을 챙기라. 유혹은 이성을 전부 무너뜨리기 때문이다. 그냥 '아니'라고 말하고 자리를 뜨라. 이것이 유혹을 이기는 가장 확실한 방법

이다. 다가오는 유혹 앞에서 '하지 않겠다'고 하면 그만큼 행복해
질 것이다. 자기가 해야 할 일을 하는 능력에 그 사람의 행복이 달
려있기 때문이다.

버릇이 머릿속에 낙지처럼 자리 잡고서 무언가를 하라고 명
령한다. 당신은 그 일을 원치 않으면서도 그냥 한다. 잘못된 버릇
의 희생자가 될 때까지 스스로를 그냥 내버려두지 말라. 인생의 결
정권자는 자기 자신이라는 사실을 기억하라. 누구도 무엇도 자신
을 휘두르지 못하게 하라. 바람직하지 않은 무언가가 버릇이 되려
고 할 때, 바로 그때가 그것을 멈출 때다.

나는 대체로 명령을 좋아하지 않는다. 누군가에게 무엇을 하
지 말라고 하면 그 사람에게는 그렇게 할 마음이 생기게 마련이
다. 금지된 열매가 처음엔 달콤하지만 끝에 가서는 쓰다. 자신의
행복을 훼방하는 어떤 것도 용납하지 않도록 조심하라.

⋅⋅◀ 6 ▶⋅⋅

K씨는 지독한 술꾼이었다. 어느 날 한 성자를 만나고 다시는
술 마시지 않겠다고 맹세했다. 하인에게 술 창고 열쇠를 맡기고는
자기 친구들한테만 술을 대접하라고 시켰다. 한동안 K씨는 술을
입에 대지 않았고 그러는 자신이 대견하고 기뻤다. 하지만 술 마시
는 버릇이 보이지 않는 마수魔手로 자기 몸에 배어있다는 것은 몰

랐다.

얼마쯤 세월이 흐르자 K씨는 이제 술의 유혹에서 벗어났다고 생각하게 되었다. 그래서 직접 친구들에게 술대접을 하겠다며 하인에게 맡겼던 열쇠를 돌려받았다. 자신이 완전 술에서 해방되었다는 생각이 들었다. 그러자 매번 술을 가지러 창고로 내려가는 게 번거롭다는 생각이 들었고, 몇 병을 응접실에 숨겨두기로 했다. 며칠 뒤, 그는 생각했다. '이제 술에서 완전 해방되었으니 탁자 위에 한 병 두고 황홀한 붉은 색을 감상하는 것도 괜찮겠다.'

그렇게 해서 K씨는 날마다 술병을 바라보았다. 그러다가 생각했다. '더 이상 술이 고프지 않은 걸 보면 와인 한 모금은 맛보고 도로 뱉어도 되겠다.' 그리고 그렇게 했다. 그러자 이런 생각이 들었다. '내 결심이 이토록 단단하니 한 모금 마셔도 괜찮을 거야.' 그러자 또 생각이 들었다. '이제 나는 술 마시는 버릇을 완전 정복했다. 그러니 생각날 때마다 몇 모금 마시기로 하자.' 그리하여 K씨는 다시 술을 입에 대었고 본인의 굳은 결심에도 불구하고 이전의 술고래로 돌아갔다.

그는 술 마시지 않겠다는 결심이 좋은 버릇으로 무르익기까지 시간이 필요하다는 것을 깨닫지 못했다. 좋은 버릇이 몸에 착실히 배기까지는 나쁜 버릇을 들이게 한 환경과 행동으로부터 멀리 떨어져야 한다. 무엇보다도, 악한 생각이 마음에 들어오지 못하도록 해야 한다. 생각이 행동을 낳는다. 그러기에 행동보다 생각이 훨씬 더 위험하다.

비극을 낳는 물질적 차원에 머무르는 경향이 반복된다면 일단 자신을 유혹하는 환경에서 멀리 떨어지라. 그리고 안 좋은 생각들이 안으로 들어오지 못하게 하는 법을 배우라. 선하고 바른 환경에 둘러싸여 자신에게 이롭고 건강한 생각들로 내면을 채우라.

··❮ 7 ❯··

실패의 원인 중 하나는 나쁜 버릇과 싸우는 데 필요한 의지력에 비해 그 버릇을 신중하게 다루지 않은 데 있다. 굳은 의지와 좌절하지 않는 노력에 비하면 남보다 뛰어난 재능이란 필수 덕목이 아니다. 과거로부터 내려온 낡은 버릇의 짐을 더는 지지 말고 굳은 결심의 불로 태워버리라. 그리하여 자유로워지라.

절대 옳다고 생각하는 무언가를 하기로 마음먹었다면 어떤 값을 치르더라도 그렇게 하라. 그러면 나쁜 버릇을 극복할 수 있도록 지혜에서 비롯된 의지력이 더욱 강해질 것이다. 지난날의 물질적 실패, 정신적·도덕적 결함, 영적 무감각, 건성으로 하는 명상생활을 중단하고, 순조롭게 번창하며, 자기를 절제하고, 마침내 하느님을 만날 때까지 깊이 명상하라.

깊은 명상 속에서 사람의 마음은 근육과 신경계로부터 생기生氣(life force)를 거두어 안 좋은 버릇들이 숨어있는 뇌세포 속으로

집중시킨다. 이렇게 해서 뇌에 집중된 생기가 안 좋은 버릇들이 깃
든 뇌고랑(the grooves)을 태워버린다.

완전한 자유와 지속적인 성공으로 가는 유일한 길은 제대로
명상하는 것이다. 당신은 의식적으로 하느님과 연결되어야 한다.
그분을 발견하게 되면, 자기 자신과 다른 모든 한계들을 정복하고
통제하게 될 것이다.

# 제3장

# 곤란한 지경 아닌
# 자유를 선택하라

Choose Freedom, Not Misery

··❰ 1 ❱··

끈질긴 노력만이 과거 카르마의 악한 종자들을 불태워버릴 수 있다. 선한 카르마로 이루어지는 평형平衡이 이삭처럼 익어서 고개를 숙이려 할 때 그 사이를 참지 못하고 희망을 포기하는, 그래서 받을 수 있는 보상報償을 놓치는 사람들이 많다.

··❰ 2 ❱··

게으름이야말로 영적 깨달음에 가장 큰 훼방꾼이다. 하느님 나라에 들어가려면 먼저 몸과 마음의 게으름을 떨쳐버려야 한다. 전쟁터에서 병사가 게으르면 안 되듯이, 영성의 길을 가는 사람은 몸과 마음의 게으름에서 완전 해방되어야 한다.

할 일이 너무 많다는 생각에 빠지지 않도록 하라. 하느님은 지금도 우주를 창조하시는 중인데 결코 피곤을 모르신다. 그분처럼 되고 싶으면 그분의 엄청난 활동력을 지녀야 한다.

자신이 지금 무슨 일을 하든지 그것이 하느님의 일이라고 생각하라. 날마다 스스로에게 물으라. '오늘은 하느님을 위해 무엇을 할 수 있을까?' 오늘하루 최선을 다하되 내일은 잊으라. 자지레한 근심걱정으로 영혼을 고달프게 하지 말라.

··❮ 3 ❯··

사업상의 책무는 중요하다. 하지만 남을 섬기는 책무는 더 중요하다. 그리고 명상, 하느님, 진실하겠다는 책무는 더없이 중요하다. 늑대를 문밖에 세워두고는 너무 바빠 경건한 품성을 기를 시간이 없다고 말하지 말라. 자기밖에 모르고, 덜 중요한 일들에 심취한 나머지 더없이 중요한 지혜라는 책무를 외면하는 버릇을 바로잡으라.

과잉행동이나 게으름은 당신을 비참하게 만든다. 지금은 사람들이 졸음을 흔들어 깨우고 자기 삶을 정돈할 때다. 현대인은 물질적 안락을 얻으려고 과학과 시스템을 사업에 적용하는 법을 배운다. 우리는 과학과 시스템을 자신의 건강, 번영, 사회생활과 지혜를 향상시키는 데 적용해야 한다.

자신의 책무를 조직하고 설계하라. '정확한 판단력'이라는 비서를 고용해 그날그날의 일정표를 작성하라.

··❮ 4 ❯··

탐욕, 분노, 시샘, 음주, 게으름, 실패 같은 것들은 현명치 못한 자질구레한 행동이 모여, 훗날 그 노예가 되리라는 짐작도 못한 채, 반복되어 굳어진 버릇의 결과물이다.

누구도 버릇의 노예로 태어나지 않는다. 끊임없이 반복되는 행동으로 스스로 버릇의 노예가 되는 것이다. 처음 마시는 술잔이 사람을 술주정뱅이로 만드는 것은 아니다. 잘못된 행동을 생각 없이 되풀이하다 보면 그 행동은 어느새 버릇이 되어 인생을 지배하게 된다. 반복의 강한 힘이 이성理性의 나약한 힘을 눌러버리는 것이다.

첫 번째 악행을 저지르지 않도록 조심하라. 자칫하면 한번 했던 일을 다시 하게 된다. 눈 위로 구르는 눈뭉치처럼, 사람의 버릇은 반복을 통해 더욱 강해지고 단단해진다. 자신의 모든 행동에 이성을 적용하라. 그렇지 않으면 속절없이 원치 않는 버릇의 노예가 될 수도 있다. "가진 자는 더 많이 가질 것이고, 가지지 않은 자는 그 가진 것마저 빼앗길 것이다." 성경의 이 말은 틀림이 없다. 선행을 하는 사람에게는 덕德이 자라고, 나쁜 버릇의 노예는 의지와 이성의 힘마저 잃게 된다.

오늘부터 자기 안에 숨어있는 '나쁜 버릇'이라는 적과 싸워 이기고 이성에 맞는 행동을 할 수 있도록 노력하라. 당신의 버릇은 당신이 아니다. 자기 자신이 되라. 그러면 자기 안에 있는 잃어버린 하느님의 형상을 기억하게 될 것이다.

·‹ 5 ›·

실패하고 나서 새로 시도할 때는 항상 계획을 잘 세우고 마음을 오롯이 모아야 한다.

·‹ 6 ›·

잠재의식에서 나오는 마음은 앵무새 같아서 우리가 하는 말을 그대로 반복한다. 그 마음에 피곤, 불만, 안 좋은 생각들을 들려주지 말고 기쁨, 풍성, 평화를 들려주라. 그러면 그것들이 삶에서 표출될 것이다.

일하되 기꺼이, 그리고 끈질기게 하라. 자기 안에서 쉼 없이 흐르는 영원한 에너지를 느끼라. 싫증이나 피곤한 내색은 절대 금물이다. '고단하다'는 말을 아예 입에 담지 말라.

·‹ 7 ›·

일단 몸의 버릇이 마음을 지배하면, 그 몸으로 의지와 생각에 복종하기가 어려워진다. 만성적으로 비만인 사람이 다이어트를 해도 살이 잘 안 빠지는 이유가 여기에 있다. 그 몸의 체세포들이 제 몸을 적절히 통제할 수 있는 높은 정신력에 복종하는 훈련을 받지 못했다면, 굳어진 버릇에 길들여져 의지와 생각의 명령에 곧바로 반응하지 않는 것이다.

··❮ 8 ❯··

자신이 완전히 부서지고 일그러져 남은 힘이 없다고 생각하는가? 아니다, 그렇지 않다. 당신에겐 필요한 힘이 다 있다. 다만 그것을 쓰지 않을 뿐이다. 생각의 힘보다 큰 힘은 없다. 자신을 세속에 묶어놓는 작은 버릇들로부터 되살아나라. 영원한 하느님의 웃음, 아무도 당신에게서 앗아갈 수 없는 백만 불짜리 웃음을 되살리라.

··❮ 9 ❯··

탐욕, 감각의 노예, 분노, 증오, 앙심, 근심걱정, 또는 불화不和 같은 것들이 내 삶을 지배하기를 원하든, 자기절제, 고요, 사랑, 용서, 평화 그리고 조화 같은 신성함이 내 정신의 왕국을 다스리기를 원하든, 모든 것은 자신에게 달려있다. 스스로 지은 평화의 왕국에 비참과 곤경을 안겨주는 못된 버릇들을 내다버리라. 스스로 왕이 되어 선善과 선행善行의 병사들이 당신 마음의 왕국을 다스리게 하라. 그러면 행복이 당신 안에서 영원토록 지배할 것이다.

··❰ 10 ❱··

절대로 자신의 허물을 헤아리지 말라. 하느님께 바치는 자신의 사랑이 깊고 진솔한지, 그것만 살피라. 하느님은 당신의 불완전함을 마음에 두지 않으신다. 그분이 마음 쓰시는 것은 당신의 무관심이다.

··❰ 11 ❱··

어떤 잘못을 저질렀더라도 걱정하지 말라. 의심 없는 사랑으로 그저 하느님을 부르라. 그분께 아무것도 숨기지 말라. 당신의 잘못에 대해서는 그분이 더 잘 아신다. 하느님께 모든 것을 있는 그대로 털어놓으라.

어머니 하느님께 기도드리면 도움이 될 것이다. 어머니 하느님은 완전 자애로운 분이시기 때문이다. 이렇게 기도하라. "신성하신 어머니, 미우나 고우나 저는 당신 자식이에요. 저를 이 사슬에서 풀어주셔야 합니다."

인간 어머니도 잘난 자식 못지않게 못난 자식을 사랑한다. 때로는 잘난 자식보다 못난 자식을 더 사랑한다. 그런 자식에게 어머니의 사랑이 더욱 필요하니까.

··❰ 12 ❱··

　자신의 선행과 악행 모두를 하느님께 돌려드리라. 물론 고의로 악행을 저지르라는 말은 아니다. 하지만 좋지 않은 버릇이 너무 강해서 어쩔 수 없거든, 하느님이 당신을 통해 그러시는 것이라고 생각하라. 그분이 책임지시게 하라(Make Him responsible). 그분도 그것을 좋아하신다! 인생 자체가 꿈이라는 진실에 당신 스스로 깨어나기를 바라시기 때문에.

　당신의 실존은 그분의 꿈이다. 단지 당신은 스스로 나약하다는 생각으로 자신에게 최면을 걸고 있다. 자신의 나약함에 대한 책임을 주님이 지시게 하면 스스로 움켜잡고 있는 거짓 망상을 부수는 데 도움이 될 것이다. 그러면 자기 안에 있는 완전한 하느님의 형상을 인식하기 쉬워질 것이다.

　당신이 노력하는 한限, 하느님은 결코! 당신을 넘어지게 놔두지 않으신다.

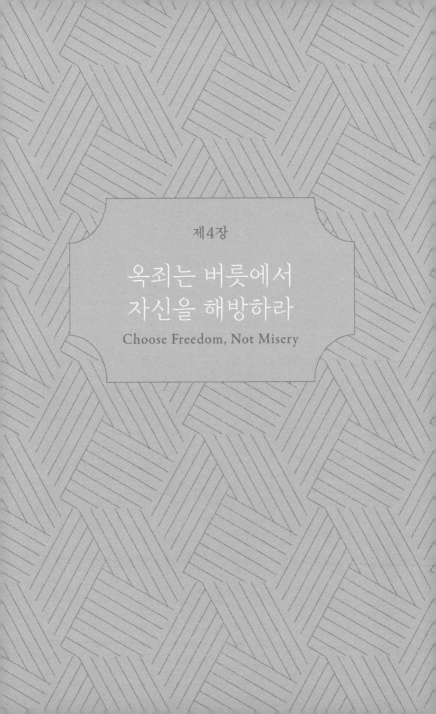

제4장

# 옥죄는 버릇에서
# 자신을 해방하라

Choose Freedom, Not Misery

## ··❮ 1 ❯··

내가 인도에서 몸담았던 학교에 어느 부모가 아들을 데려왔다. 우리 학교는 열두 살 아래 아이들만 받는데 그 아이는 나이가 훨씬 많았다. 나는 아이가 '스스로 착한 사람이 되겠다'고 결심하면 받아주겠다고 했다.

나는 마음을 열고 아이에게 말했다. "너는 담배를 피우겠다고 하지만 네 부모님은 그걸 원치 않으셔. 그렇게 하면 부모님을 이기는 데는 성공하겠지만 네 불행을 막는 데는 성공할 수 없어. 그것은 너를 해치는 짓이기 때문이야."

이 말은 아이의 정곡을 찔렀고, 그러자 아이가 울음을 터뜨리며 말했다. "부모님은 날마다 나를 때린다고요!"

내가 말했다. "남들이 너한테 하는 짓보다 네가 너한테 하는 짓을 봐. 자, 내가 널 도와주마. 그런데 조건이 하나 있어. 나는 네게 이래라저래라 잔소리하는 사람이 아니라 네 친구가 되고 싶다. 네가 잘못을 고치려고 노력하면 널 도와주마. 하지만 거짓말은 안돼. 거짓말을 하면 아무것도 해주지 않을 거야. 거짓은 우정을 파괴하거든. 무슨 일이 있어도 나한테 거짓말은 하지 마라." 내가 그 애를 안아주면서 말했다. "언제든지 담배 피우고 싶으면 말해. 내가 담배를 줄 테니."

하루는 아이가 와서 말했다. "담배 피우고 싶어 죽겠어요." 나는 그 애에게 돈을 주었다. 아이는 자기 눈을 의심하는 기색이었다. 그리고 말했다. "받지 않겠습니다." 아이는 돈을 받으려 하지 않았다. 내가 등을 떠밀어 담배 가게로 보내려 했지만 가려고 하지 않았다. 그 일이 있고 나서 어느 날 아이가 말했다. "믿기지 않으시겠지만, 더는 담배를 피우고 싶지 않아요."

이렇게 가르치고 배우고 수련한 결과 그 아이는 훌륭한 성자가 되었다. 내가 일깨워준 것은 그의 영성의식이었다. 가장 큰 영성의식은 지속적인 행복을 위해 나아지려는 내면의 노력에서 나타난다. 그런 노력을 하는 사람이 참으로 드물다. 하지만 비록 지은 죄가 대서양만큼 깊다 해도 착한 사람이 되려는 노력은 꾸준히 할 수 있다. 적지 않은 환생들을 거치며 인간이라는 존재로 살아왔지만, 사실 당신은 영원 전부터 지금까지 하느님의 자식이다.

··❮ 2 ❯··

왜 자신이 죄인이라 생각하는가? 때로는 겸손의 이름으로 그리 생각하는 것이 마땅할 수도 있겠지만, 그분 앞에 있는 당신의 왜소함보다 당신 앞에 계신 하느님의 크심에 집중하라. 어째서 부정否定과 한계에 머물러 있는 것인가?

진흙탕에 묻힌 값진 물건을 찾으려면 진흙을 파헤치면서 그 물건을 생각하지 않겠는가? 진흙에만 집중한다면 그것을 파헤치

느라 본디 목적을 상실하고 마침내 찾는 작업마저 포기하게 될 것이다.

••❮ 3 ❯••

툭하면 화를 내거나 자기연민(self-pity)에 빠지는 일이 없어야 한다. 그것은 우리의 신경과민을 조장할 뿐이다. 무언가를 불평할 수도 있고, 그 사실을 남이 모를 수도 있다. 스스로 내면을 살펴서 신경과민의 원인들을 제거하는 것이 최선最善이다.

많은 사람이 스스로를 불쌍히 여기면서 자기연민이 적잖은 위로를 준다고 생각한다. 하지만 자기연민은 아편 같은 중독이다. 중독자는 아편을 복용할 때마다 안 좋은 버릇으로 더 깊이 빠져든다. 자기연민에 강철같이 저항하라.

신경과민의 불길이 마음을 침범하는데도 그냥 두면, 그 불은 자신의 평화를 태워버릴 것이다. 신경과민은 평화를 깨뜨리려는 사탄의 하수인이다. 그것을 알고 자신을 통제할 수 있어야 한다. 마음속에 신경과민이 일어날 때마다 그것은 평소 내면에서 울리던 신성한 평화의 노래를 중단시킨다. 신경과민이 찾아오면 다른 누구를 탓하지 말고 자신의 감정을 다스리라. 스스로 그에 대한 책임을 지라. 그것이 신경과민을 물리치는 최선의 방법이다.

·‹ 4 ›·

불우한 환경에서 태어난 사람은 어떻게든지 자기연민의 유혹에 빠지지 않도록 힘써야 한다. 스스로를 불쌍하게 여기는 것은 자기 안에서 극복하는 힘을 약화시키는 짓이다. 그러지 말고 거듭 확인하라. 장애물은 없다. 오직 새로운 기회가 있을 뿐이다!

아무도, 자기 자신까지도, 원망하지 말라. 비난과 책망은 이미 저지른 일을 지워주지 않는다. 오히려 자신이 어찌할 수 없는 외부 사정에 스스로를 의탁하게 만든다.

안으로 침묵하면서 하느님을 찾으라. 눈앞의 현실을 스스로 인정하라. 그리고 할 수 있는 일을 하라. 오늘부터 영혼 의식(soul-consciousness)으로 살아간다면, 모든 카르마를 새롭게 만들 수 있다.

·‹ 5 ›·

슬픔으로는 슬픔을 극복하지 못한다. 기쁨으로만 가능하다. 때로 좋아서 가슴으로 스며들게 하는 슬픔도 있지만, 그것도 너무 오래 담고 있지는 말라. 그러지 않으면 그것이 당신 영혼의 가장 풍요로운 재산인 사시사철 지복至福을 앗아갈 것이다.

••❮ 6 ❯••

열등감은 우월감 못지않게 나쁘다. 본디 당신은 하느님의 자식이다. 그러니 당신이 누구보다 못하다거나 낮다는 생각은 터무니없는 거짓이다. 열등감도 우월감도 영혼의 진화를 더디게 할 뿐이다.

하느님이 당신 안에 계시고, 당신을 인도하시며, 그분이 당신의 가장 큰 사랑이자 가장 높은 분이신 것을 몸으로 느껴야 한다. 당신은 모든 것의 종이다. 자신을 우월한 존재로 생각할 터무니가 없다. 동시에 하느님이 당신 안에 계신다. 자신을 열등한 존재로 생각할 터무니가 없다.

열등의식은 마음이 나약한 사람들을 만나서 나약한 잠재의식을 지니게 된 결과다. 우월의식은 건방진 에고와 가짜 교만에서 생겨난다. 둘 다 근거 없는 상상일 뿐, 사실에는 무지無知하다. 둘 다 참되고 만능인 영靈에 속한 것이 아니다.

자신의 나약함을 극복해 자기신뢰를 기르라. 참된 성숙과 성취에서 자기신뢰를 회복하라. 온갖 열등감과 우월감에서 자유로워질 것이다.

··❮ 7 ❯··

두려움은 해독제로 쓰이기 전에는, 사람을 차분히 알아차리
게 해주는 게 아니라면, 정신의 독약이다. 쇳가루를 끌어당기는 자
석처럼, 두려움은 두려운 것을 끌어당긴다.

두려움은 육신의 고통과 정신의 고뇌를 백배로 키운다. 심장,
신경계, 두뇌를 파괴하고 아울러 창의, 용기, 판단, 상식, 의지를
파괴한다. 두려움은 모든 것을 극복하는 영혼의 배짱과 능력에 수
의壽衣를 입힌다.

무언가 자신을 해치려고 위협할 때, 자신의 창조적인 정신력
을 두려움으로 억압하지 말라. 그 대신, 위험을 피하고 실질적인
해결책을 찾는 자극으로 두려움을 활용하라.

무언가 자신을 위협할 때 그냥 멍하니 앉아있지 말라. 무엇인
가를 하면서 자신의 의지와 판단력을 가만히 한데 모으라.

불길한 잠재성을 계속 생각하다 보면 실패나 질병에 대한 두
려움이 더 커지고, 이내 잠재의식과 끝내는 초超의식에까지 그 두
려움이 뿌리를 내린다. 이 두려움의 씨가 싹을 틔우면 마음은 독초
로 가득 차고 결국 두려움의 열매를 맺게 되는 것이다.

질병이나 실패에 대한 두려움을 도저히 뿌리칠 수 없거든 재
미있는 책을 읽거나 해롭지 않은 오락 프로그램을 보라. 그렇게 일
단 마음이 긴박한 두려움을 벗어났으면 일상생활의 토양에서 질

병이나 실패를 초래할 만한 원인들을 찾아 그 뿌리를 뽑으라.

과거에 병이나 사고를 경험한 적이 있어도 그것들을 새삼 불러내 두려움의 소재로 삼지 말라. 오히려 그 두려움이 공포로 바뀌지 않도록 경계하라. 바로 그 두려움이 질병 의식과 사고 의식 (accident-consciousness)을 만들어내고, 그것이 아주 강해지면 당신이 가장 무서워하는 그것을 끌어올 것이다. 반면에, 겁 없음 (fearlessness)은 모든 가능성을 동원해 그것들을 물리치거나 적어도 그 힘을 약하게 해준다.

겁내지 않음으로 두려움을 없애라. 설령 고통의 바다에서 출렁이고 있거나, 죽음이 방문을 두드린다고 해도 당신은 영원히 안전한 하느님의 성벽 안에서 무사하다는 사실을 믿으라. 하느님의 보호하시는 빛이 '최후의 심판'이라는 위협적인 구름을 흩어버리고, 시련의 파도를 잠잠하게 하고, 견고한 성 안에 있든 사방으로 고난의 총탄이 날아드는 일상의 전장戰場에 있든 어디서나 당신을 안전하게 지켜줄 것이다.

두려움이 닥치면 일부러 몸을 바짝 긴장했다가 이완하고, 몇 번 숨을 길게 내쉬라. 고요와 태연泰然의 스위치를 올리라. 온몸의 정신을 일깨워 의지의 진동으로 허밍(humming)을 해보라. 그런 다음 의지의 힘을 동원해 겁내지 않으면서 주의하고 '올바른 판단'이라는 바퀴를 구동하라. 이를 반복하면서 구체적이고 절박한 어려움에서 벗어날 실천적 방안을 모색하라.

정신이 두려움에 사로잡히면 잠재의식에도 두려워하는 버릇
이 생긴다. 그러면 일상에서 기분 나쁜 일이 생길 때마다 잠재의식
의 두려워하는 버릇이 두려워하는 대상을 끌어오고, 그에 맞서 싸
우려는 의식적인 마음을 마비시킬 것이다.

당신은 하느님의 형상으로 창조되었다. 그러므로 하느님의
힘과 잠재력이 그대로 당신 안에 있다. 당신에게 닥친 어려움이 당
신의 신성神性보다 크다는 생각은 틀렸다. 기억하라. 어떤 시련을
겪는다 해도 당신은 그에 맞서지 못할 만큼 약하지 않다. 하느님은
당신 힘으로 감당 못할 시련을 주시지 않는다.

두려움 때문에 정신이 무기력해지고 마비되거나 낙심해선 안
된다. 대신 고요하게, 조심스럽게 행동하고, 경솔하지도 소심하지
도 않게 나아가야 한다.

마음을 용기에 집중하고 내면에 있는 절대 평화로 눈길을 돌
려 두려움의 뿌리를 뽑으라. 질병이나 실패 따위 겁내지 않는 건강
하고 든든한 사람들과 사귀라.

·‹ 8 ›·

아무리 바쁘더라도 가끔은 주어진 의무와 걱정에서 마음을
내려놓아야 한다는 것을 기억하라. 그것들을 마음에서 몰아내라.
당신은 의무와 걱정거리 때문에 사는 것이 아니며, 그 모두가 스스

로 지어낸 것들이라는 사실을 기억하라. 그런 것으로 괴로워하지 말라.

어려운 시련이나 걱정근심에 사로잡혔거든 잠을 자보라. 잠들었다가 깨어나면 걱정하는 마음이 조금 누그러져 있을 것이다. 스스로에게 일러주라. 지금 당장 내가 죽어도 지구는 제 궤도를 돌고 회사는 여전히 돌아간다고. 그러니 걱정할 게 무엇인가? 매사를 너무 진지하게 받아들이면 죽음이 와서 비웃으며 물질적인 삶과 그 임무들이 덧없다는 사실을 상기시켜줄 것이다.

눈앞의 어려움, 일어날지 모르는 사고와 사건에 대한 두려움, 어지러운 생각과 집착에서 자유로워질 수 있어야 정신적으로 이완弛緩할 수 있다. 거기에 도달하려면 성실히 수련해야 한다. 굳은 의지로 온갖 잡념에서 마음을 해방시키고 내면의 평화와 만족에 눈길을 모으는 일로 그렇게 할 수 있다. 성실하게 수련하면 마음의 눈길을 근심걱정에서 명상을 통한 평화로 돌릴 수 있다.

걱정과 근심을 놓아버리라. 아침과 밤에 절대 고요 속으로 들어가라. 특히 걱정거리가 생겼을 때, 일 분만이라도 아무 생각 없이 그냥 있어보라. 그렇게 몇 분 더 있으라. 그리고 나서 과거에 경험한 행복했던 순간들을 상상해보라. 머릿속에서 근심걱정이 모두 사라질 때까지 계속 행복했던 경험을 떠올려보라.

••❮ 9 ❯••

정신 건강이 좋지 않아 괴로우면 정신의 단식을 해보라. 건강을 회복시켜주는 정신의 단식이 마음을 맑게 하고 부주의한 섭생으로 축적된 독소들을 제거해줄 것이다. 무엇보다도 근심걱정의 원인들에 놀아나지 말고, 그것들을 없애는 법을 배우라. 이 근심에 저 걱정을 보태면서 날마다 만들어내는 독소들로 마음에 먹이를 주지 말라.

걱정은 대개 너무 많은 일을 급히 서두른 결과로 생겨나는 것이다. 주어진 임무들을 '볼트'로 죄지 말고 '정성'이라는 이빨로 잘근잘근 씹어 '옳은 판단'이라는 효소에 담그라. 그러면 걱정의 소화불량을 피하게 될 것이다.

걱정하지 않고 근심을 단식하기로 결심했으면 각오를 단단히 하라. 당신은 근심걱정을 완벽하게 그만둘 수 있다. 스스로에게 말해주라. "나는 다만 최선을 다할 따름이다. 그 이상은 없다. 문제를 해결하려고 최선을 다하는 이것만으로 충분히 만족스럽고 행복하다. 무엇도 걱정할 이유가 없다."

근심을 단식할 때는 온갖 상황의 샘에서 솟아나고 어떤 상황에서도 행복하겠다는 결심으로 활력을 띤 평화의 신선한 물을 실컷 마시라. 일단 행복하기를 선택했으면 그 무엇도 당신을 불행하게 만들 수 없다. 안 좋은 상황이 암시하는 결과를 미리 받아들여서 자신의 평화를 깨뜨리기로 선택하지 않으면 누구도 당신을 낙심시킬 수 없는 것이다. 옳은 행동을 지치지 않고 실천하는 일에만 관심을 두고 그 행동의 결과는 마음 쓰지 말라. 나머지는 하느님께 맡기고 이렇게 말하라. "그 상황에서 최선을 다했다. 그러므로 나는 행복하다."

하루에 세 번 근심걱정을 털어버리라. 아침 7시, 자신에게 들려주라. "7시에서 8시까지 간밤의 근심걱정을 모두 털어버리자. 아무리 어려운 일이 닥쳐도 걱정은 사절이다. 지금 나는 근심 단식 중이다."

오후 1시, 다시 말하라. "나는 괜찮다. 걱정하지 않겠다."

저녁 6시에서 9시까지 남편, 아내, '견디기 힘든' 친척이나 친구들과 함께 있을 때면 마음 단단히 먹고 말하라. "앞으로 3시간 아무것도 염려하지 않는다. 누가 날 무시하거나 욕해도 거기에 휘둘리지 않는다. 무언가 단식을 방해하려고 해도 유혹에 넘어가지 않는다. 근심걱정의 상어들이 내 평화로운 마음을 물어뜯게 놔두지 않겠다. 근심걱정하고는 완전 결별이다."

이렇게 하루 몇 시간 근심을 단식할 수 있게 되었으면, 같은 식으로 한 주간 또는 몇 주간 단식을 계속하면서 속에 근심걱정이 쌓이는 것을 근절하라. 근심걱정이 다가오는 게 느껴질 때마다 하루 이틀 근심 단식을 시도하라.

이렇게 '근심 단식'이라는 소극적인 걱정 퇴치법이 있지만 적극적인 방법도 있다. 걱정 바이러스에 감염되었을 때 즐겁고 행복하게 사는 사람들 모임에 정기적으로 나가서 그들과 함께 잔치판을 벌이는 것이다. 매일같이 짧은 시간이라도 기쁨 충만한 사람들을 만나라.

어떤 것으로도 웃음꽃을 시들게 할 수 없는 사람들이 있다. 그들을 찾아서 함께 '기쁨'이라는 음식으로 잔치를 열라. 한두 달쯤 웃음 섭생을 계속하면서 진짜로 즐겁게 사는 사람들과 웃음잔치를 벌이는 것이다. 마음껏 웃으며 정성의 이빨로 잘 씹어 먹은 것을 소화시키라. 이렇게 시작한 웃음 섭생을 계속하다보면 한두 달쯤 뒤에 아주 달라진 자신을 보게 될 것이다. 자신의 마음도 밝은 햇빛으로 가득 차 있을 것이다. 기억하라, 특별한 버릇은 오직 새로운 버릇을 들이려는 실천으로만 바뀔 수 있다.

··❰ 10 ❱··

두려움, 걱정, 분노는 신경질의 원인이다. 화를 내면 핏속에 독毒을 주입하고 신경계를 불태우게 된다. 분노는 피의 분자구조를 바꾸고 혈액순환에 영향을 미친다. 분노에 사로잡히면 무지無知의 도구가 되어 잘못을 저지른다. 근심걱정에 휘둘리면 신경이 마비된다.

치료책은 항상 마음의 평정을 유지하고 그때그때 최선을 다

하는 것이다. 무언가 잘못되었으면 고치라. 맑은 정신으로 평화로
이 사물과 사건을 보면 바른 이해를 얻게 될 것이다.

평화, 침착, 고요 그리고 즐거움을 기르라. 즐겁고 침착할수록
그만큼 유익할 것이다. 화를 내거나 무서워할수록 그만큼 균형을
잃게 될 것이다. 더 평화로워지면 신경질도 덜 난다.

당신을 보호하는 하느님의 법이 있음을 장차 알게 될 것이다.
자신이 하느님과 하나임을 깨칠 때 신경질은 일거에 사라진다. 당
신은 이 육肉이 아니라 육 뒤에 있는 영靈이라는 진실을 반드시 깨
쳐야 한다.

밤마다 잠자리에 들기 전, 스스로에게 말해주라. "나는 균형
잡힌 보좌에 앉아있는 '평화의 왕자(Prince of Peace)'다."

··❮ 11 ❯··

물질이 기쁨을 안겨주는가? 아니다. 잠시 쾌락을 맛보게 해주
지만 언제나 그 뒤에는 슬픔이 따라온다. 물질은 기쁨을 약속하지
만 그 약속을 지키지 않는다. 사는 동안 지나치게 물질의 세속적
쾌락을 즐기는 사람은 행복을 잃게 된다. 섹스를 지나치게 탐하면
생기를 잃고, 너무 많이 먹는 사람은 건강을 잃는다. 세상 어디를
가든 사람들은 자기가 뿌린 씨의 열매를 거둔다.

사치와 불필요한 '필수품'에 대한 지나친 관심은 매사에 필요

한 정신력을 기르거나 신성한 만족감을 느끼지 못하게 한다. '물질적 사치'라는 폭군의 끝없는 요구를 들어주다보면 정신력을 기르고 평화의 밭을 일굴 시간이 없어진다.

인생에서 참으로 필요한 것이 정신력이고 영적인 건강임을 모든 사람이 기억해야 한다. 목표는 최대한의 평화, 전천후로 발휘할 수 있는 정신력, 그리고 사는 데 필요한 만큼의 물질적 안정이다.

·· **‹ 12 ›** ··

황금으로 된 상像을 검정 보자기로 덮으면, 그것이 검다고 할 수 있는가? 당연히 아니다. 그것은 보자기 밑에서 여전히 황금색으로 빛날 것이다.

지금 당신의 영혼을 덮고 있는 무지無知의 검은 장막이 걷히면 같은 일이 있을 것이다. 자신의 신성한 본성이 지닌 아름다움을 다시 보게 될 것이다.

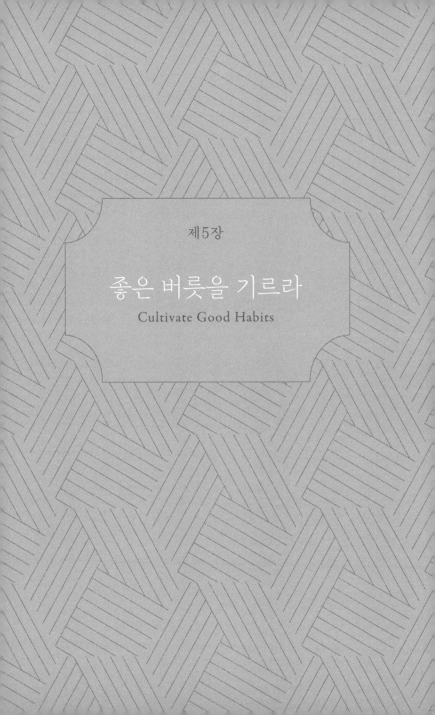

제5장

# 좋은 버릇을 기르라

Cultivate Good Habits

••❰ 1 ❱••

나쁜 버릇 때문에 힘들면 두 가지를 시도해보라. 첫째, 나쁜 버릇과 그것을 불러일으키는 모든 것들을, 피해야 한다는 마음에 집착하지 말고, 그냥 피하는 것이다. 둘째, 마음으로 좋은 버릇을 생각해내고 그 버릇이 자신의 일부가 되기까지 열심히 연습해보는 것이다.

••❰ 2 ❱••

좋은 버릇 한 가지는 가장 좋은 친구다. 나쁜 버릇은? 언젠가는 죽을 적敵이다. 어떤 행동을 되풀이할 때 조심하라. 자기도 모르게 버릇이 될 수 있다. 버릇은 제2의 천성이다. 하지만 좋은 행동을 꾸준히 하면 바뀔 수 있는 것도 버릇이다.

••❰ 3 ❱••

어디에 있든 자신의 생각, 인식, 직관에 깨어있으라. 멋진 장면 한 컷을 찍으려고 늘 준비된 사진사처럼 항상 준비하면서 남들의 안 좋은 행동은 무시하라. 언제 어디서나 배울 준비가 되어 있고 적절하게 행동하는 데 위없는 행복이 있다. 자기 자신을 높이

끌어올리는 만큼 주변 사람들을 끌어올리게 될 것이다. 스스로 발전해가는 사람이야말로 갈수록 행복한 사람이다.

••❮ 4 ❯••

함께 어울릴 사람들을 주의 깊게 선택하라. 자신보다 침착하고 강하고 슬기롭고 심지 깊은 사람들과 사귀라. 범죄자를 더 큰 범죄자 무리에 가두어두면 결코 도움이 되지 않는다. 그가 교도소를 떠날 때 교도관이 물을 것이다. "언제 다시 올래?" 신경질적인 사람이 신경질적인 사람들 무리에 속해있으면 더 나아질 수가 없다. 언제나 평온한 사람들을 선택하라.

••❮ 5 ❯••

자신의 버릇을 만들어줄 생각의 강물에 건강하지 않은 것들을 떠내려 보내지 말라. 자신이 읽고 있는 책이 어떤 것인지 잘 살펴보라. 자주 함께 지내는 가족이나 가까운 친구들이 자신에게 어떤 영향을 미치는지 살펴보라. 가족들이 부정적이고 맥 빠지게 하는 말과 생각들로 잠재의식에 끼친 안 좋은 영향 때문에 성공하지 못한 사람들이 많다.

••< 6 >••

건강하고 성공적이며 지혜로운 버릇을 들이는 데 꽤 오랜 세월이 필요한 사람들이 있다. 그러나 그 시간을 단축시킬 수도 있다. 어떤 버릇을 들이는 데 시간이 많이 걸리느냐 적게 걸리느냐는 본인의 뇌세포와 신경조직의 건강상태, 그리고 버릇 들이는 방법이 어떤 것이냐에 달려있다. 많은 사람이 생각과 행동에 열성이 없기에 성공하지 못한다. 정신적인 버릇이 물질적 현실로 드러나려면 힘 있고 끈질긴 연습이 필요하다.

예를 들어, 건강하고 지혜로운 버릇은 그 효과가 나타나기까지 건강하고 지혜로운 생각으로 배양되어야 한다. 본인한테 필요하고 부족한 것을 채우려면 반드시 필요한 것은 물러설 줄 모르는 완전하고 용감한 정신이다.

주의가 산만하고 집중력이 부족한 사람은 간단한 버릇 하나 들이는 데도 시간이 오래 걸린다. 하지만 집중력 있고 머리가 제대로 돌아가는 사람은 조금만 노력해도 좋은 버릇을 들일 수 있다. 그러니, 자신의 발전을 가로막는 정신적·육체적·영적 버릇이 있거든 당장 떨쳐버리라. 그것을 그냥 놔두지 말라.

··❮ 7 ❯··

사소한 일이든 중요한 일이든 마음을 모아서 하라. 지금 하는 일에 마음을 모아 집중하는 것은 세포 안에 있는 기억의 홈통을 막히지 않게 뚫어주는 바늘이다. 집중할 줄 모르는 사람은 기억을 일깨우는 능력이 부족하다. 마음이 여기저기 흩어져 있으면 집중의 바늘이 무뎌진다.

느낌과 더불어 깨어있는 집중은 당신의 세포 안에 있는 기억의 홈통을 뚫어주는 바늘이다.

··❮ 8 ❯··

작은 임무에 성실하라. 보통사람들이 지금 하는 일에 5~6퍼센트 정도의 집중력만 사용하고 있다는 사실을 아는가? 이제부터는 무슨 일을 하든 그 일에 100퍼센트 집중해보라.

신성한 의식(divine consciousness)을 지니고 하는 일이면, 모든 선한 일이 하느님의 일이다. 물질만 생각하는 일은 순전히 이기적인 동기에서 하는 것이다. 돈을 벌더라도 함께 사는 사람들을 위해서, 설령 독신이라 해도 그들을 위해서 돈을 번다고 생각하라. 물질과 정신이 따로따로라는 잘못된 생각을 부수라.

••❮ 9 ❯••

기억은 아무렇게나 하는 것이 아니다. 훈련되어야 한다. 자신을 위로 끌어올릴 고상한 경험들을 떠올리는 데만 써야 한다. 많은 경험에서 추려낸 좋은 것들만 기억보관소에 저장되어야 한다. 끈적거리는 더러운 생각들이 기억보관소에 들어있으면 예기치 않은 순간에 같은 생각들이 말과 행동으로 튀어나올 것이다. 속에 선한 것들만 있으면 선한 것들만 밖으로 나오게 되어 있다. 자기 마음의 문을 조심히 지키라.

••❮ 10 ❯••

인생을 통제하는 것은 스쳐지나가는 생각이나 탁월한 이상理想이 아니라 일상의 버릇들이다. 생각도 버릇인데 그것은 정신의 자석磁石이다. 자성磁性의 질質에 따라 그에 맞는 대상이 끌려온다.

••❮ 11 ❯••

감각의 일시적 쾌락이 영혼의 자연스러운 행복을 덮으면 영혼의 황금빛이 흐려진다.

악惡 없이는, 예컨대 사람을 비참하게 만드는 알코올의 즐거움 없이는 살 수 없는 게 인생이라고 생각하는 사람이 많다. 하지만 그런 사람들도 좋은 버릇을 들이면 '명상의 평화와 즐거움 없이는 살 수 없다. 이보다 저열한 쾌락에 취하면 비참해진다.'고 말할 것이다.

미래에 닥칠 더 큰 위험에 대비해 얼마쯤 돈을 저축하듯이, 경건한 사람은 명상의 순수한 기쁨을 위해 물질적 쾌락에 탐닉하는 일을 멀리 해야 한다. 감각의 쾌락을 추구하는 것이 영혼의 기쁨에 그늘을 드리우는 까닭을 모르는 사람들이 뜻밖에 많다.

자제력은 인간에게 최고의 행복을 안겨주는 영적인 임무다. 인간은 하느님의 형상으로 만들어진 존재다. 그러므로 씨앗에 나무가 숨겨져 있듯이 모든 사람 안에 무궁한 영적 기쁨이 들어있다. 볶은 씨는 싹을 틔우지 못한다. 따라서 '영혼의 기쁨'이라는 씨앗이 '물질적 욕구'라는 불에 타버리면 영원한 행복나무로 자랄 수가 없다.

지금 곧 깨어나서 더 높은 영혼의 기쁨과 만나는 버릇을 기르라. 그렇게 영혼의 기쁨으로 충만해진 사람은 온갖 집착을 여읜 채로 음식을 먹고 친구들을 만나며 해롭지 않은 즐거움을 맛볼 것이다. 이런 식으로 그의 영혼은 물질적 쾌락을 영적 쾌락으로 만들 수 있다.

••❰ 12 ❱••

거의 모든 영혼이 제 몸의 거죽에 스며있는 감각의 죄수다. 사람이 탐욕, 유혹, 집착 따위에 사로잡힐 때 그 영혼의 눈길이 숨골, 영靈의 눈, 신체 각 부위의 차크라chakra('바퀴' 또는 '원형'을 뜻하는 산스크리트어로, 꼬리뼈에서 정수리까지 척추를 따라 존재하는 일곱 개의 에너지 연결점을 가리키는 말-편집자 주)에서 떠나게 된다. 불행을 자아내는 감각의 빈민굴에서 영혼대왕(King Soul)을 구해내려는 경건한 사람은 감각의 병사들과 영혼의 신성한 병사들 사이의 맹렬한 충돌이 불가피하다는 사실을 알게 된다.

명상을 시작해 자기 깨달음의 길로 들어서면 자신의 좋고 나쁜 버릇들이 의식의 전투장에 집결하여 서로 맞붙어 싸우는 것을 목격하게 된다.

명상은 좋은 버릇과 나쁜 버릇들이 무관심의 수면상태에서 깨어나 서로 상대를 이기려고 힘을 모으게 하는 전쟁터의 북소리다. 사람이 온통 나쁜 버릇에 지배당하면 자기 안에서 일어나는 좋은 버릇의 저항을 볼 수 없다. 집중, 고요, 평화를 도모하는 좋은 버릇을 들이기로 작정하고 노력할 때라야 비로소 변덕스럽고 불안정하고 두려워하는 나쁜 버릇들이 심리적 저항을 하게 된다.

영적 여정에 오른 초보자가 처음 명상을 시작할 때는 나쁜 버릇들의 저항을 별로 느끼지 못한다. 그에게 좋은 버릇이 스며드는 것을 나쁜 버릇들이 주목하지 않는 것이다. 그가 의식의 왕국에 좋은 버릇을 들이려고 끊임없이 노력해 어느 정도 성과를 거둘 만하면 나쁜 버릇들이 겁을 먹고는 좋은 침입자를 몰아내려고 격렬히 저항한다.

이렇게 좋은 버릇과 나쁜 버릇이 서로 맞서 싸울 때, 사람들은 자기 마음속에 나쁜 버릇에 대한 연민이 가득하다는 것을 깨닫게 된다. 그동안 너무 정들어 제 것처럼 느껴지기 때문이다. 그러니까, 마음잡고 새로운 버릇을 들이기로 한 사람이 무엇을 어떻게 해야 하는지 알면서도 끊임없이 불안해하고, 함부로 먹으며, 물질적 쾌락에 빠져드는 이전의 나쁜 버릇을 좋은 버릇으로 바꾸기가 무척 어렵다는 것이다.

··❮ 13 ❯··

나쁜 버릇을 없애는 가장 좋은 방법은 항상 하느님에 깨어있는 행동과 명상이라는 좋은 버릇을 들이는 데 있다. 자신과 남들을 속이는 나쁜 버릇이 지혜로운 버릇을 누르고 영혼에 자리 잡을 때 거기서 벗어나는 유일한 길은, 지극히 복되신 하느님과의 소통이 가능해지고 언제든 원하면 그렇게 할 수 있을 때까지, 강한 의지력으로 날마다 깊이 계속 명상하는 것이다.

## ··❮ 14 ❯··

걱정하고 슬퍼하는 것만큼이나 평안하고 기뻐하는 것도 쉽다. 미소를 잊어버리지 말라. 진심 없이 겉으로 꾸미는 웃음이 아니라 기쁜 마음에서 우러나는 밝고 정직한 웃음을.

무슨 일이 있어도 웃는 버릇을 들이라. 그리고 자신의 생각을 완벽하게 다스리라. 그것들이 절대적으로 인생을 세우기도 하고 망가뜨리기도 한다.

사람들은 지나치게 제 몸을 챙긴다. 뭘 먹고 어떻게 하면 몸에 좋은지 골똘히 생각하고 누가 그런 얘기를 하면 우르르 몰려간다. 모든 것이 의지에 달린 문제다. 나는 한번도 피곤했던 적이 없다. 한 달 내내 고작 다섯 시간 자고 지낸 적도 있다. 아침에는 아무것도 먹지 않는다. 점심에는 생과일, 저민 열매에 간혹 달걀을 곁들여 가볍게 먹는다. 저녁에는 샐러드만 먹는다. 그래도 평생을 요가다Yogada(요가난다가 젊어서 창안한 수련법. 본디 '요가 또는 신성한 합일을 가르침'이라는 뜻이지만, 요가난다는 '인간의 재능을 조화롭게 개발함'으로 새롭게 옮겼다.-발행인 주) 수련에 바칠 수 있었다. 내가 했으니 다른 사람들도 할 수 있다.

··◀ 15 ▶··

좋은 버릇은 가장 좋은 동맹同盟이다. 선한 행실로 자극해 그 힘을 북돋아주라. 나쁜 버릇은 가장 나쁜 적敵이다. 그것들이 내 의지를 거슬러 나를 해칠 짓을 하게 만든다. 좋지 않은 행실로 그 것들에 밥을 주지 말고 굶어죽게 하라.

참된 자유는 옳은 판단에 따른 행위로 이루어진다. 버릇의 충 동질로 이루어지는 것이 아니다. 늘 먹던 것이 아니라 먹어야 할 것을 먹으라. 버릇이 시키는 대로 하지 말고 해야 할 일을 하라.

좋은 버릇도 나쁜 버릇도 힘을 얻으려면 시간이 필요하다. 누 구나 나쁜 버릇을 좋은 버릇으로 꾸준히 기르기만 하면 달라질 수 있다. 우선은 매사에 좋은 버릇으로 나쁜 버릇을 밀어내라. 그런 다음에 좋은 버릇이든 나쁜 버릇이든 '온갖' 버릇으로부터 자유로 워진 의식을 배양하는 것이다.

## 밀과 가라지의 비유에 관한 해설

[본문] 예수께서 그들에게 또 다른 비유를 들려주셨다. "하늘 나라는 어떤 사람이 밭에 좋은 씨를 뿌린 것과 같소. 사람들이 잠 든 사이에 원수가 와서 밭에 가라지를 덧뿌려 놓은 까닭에 싹이 돋

고 자라서 이삭이 팰 때 가라지가 함께 보였소. 종들이 주인에게 와서, '주인님, 밭에 좋은 씨를 뿌리지 않았습니까? 그런데 저 가라지가 어디서 생겼을까요?'하고 묻자 주인이 대답하였소. '원수가 그랬구나.' 종들이 다시, '그러면 우리가 가서 그것들을 뽑아버릴까요?'하자 주인이 말하기를, '그냥 두라. 가라지를 뽑다가 밀까지 뽑을라. 추수 때까지 함께 자라도록 내버려두라. 추수 때에 일꾼들한테 일러서, 가라지는 먼저 뽑아 단으로 묶어 불태우고 알곡은 거두어 곳간에 들이도록 하리라.'하였소."

[해설] 하느님 나라는 매일의 명상수련으로 의식의 밭에 영적 경험의 좋은 씨를 뿌린 사람과 같다. 그런데 그 사람의 영적 감각이 잠들어 있는 동안 그의 적敵인 잠재의식의 성향들이 자기 깨달음의 밀밭에 못된 버릇의 씨를 뿌려놓았다. 영성 발전의 씨가 싹을 틔우고 자라서 지복과 지혜의 열매를 거두게 되었을 때 밭주인은 의심, 두려움, 하느님의 신비를 풀 수 없겠다는 절망의 가라지가 밭에서 자라고 있는 것을 보았다.

종들(자제력과 영성수련)이 주인에게 물었다. "주인님 밭에 있는 저 영적 장애물인 가라지가 어디에서 난 것입니까?" 주인이 말했다. "잠재의식의 나쁜 성향들이 내 선한 버릇들 사이에 안 좋은 버릇들을 몰래 심어놓았구나."

종들이 물었다. "우리가 잠재의식에 들어가서 거기 뿌리내린

가라지를 뽑아버릴까요?" 주인이 대답했다. "그냥 두어라. 부정적이고 안 좋은 버릇들에 신경 쓰느라고 아까운 시간을 허비하지 말라. 그러다가 오히려 영적인 좋은 버릇들을 기르는 데 집중하지 못하고 그것들을 잃어버릴 수도 있기 때문이다. 가서 좋은 버릇들을 기르라. 하느님과 함께 황홀하고 신성한 기쁨으로 추수할 때까지 안 좋은 버릇들을 그냥 두라. 때가 되면 영적 지각知覺과 영적 버릇에 숙련된 추수꾼들이 그동안 수많은 환생을 거치면서 잠재의식에 축적된 온갖 가라지를 한데 모아, 즉시 소멸시키는 지혜의 힘과 이런저런 좋은 생각들을 통해 뇌에 저장된 환한 빛으로 모두 태워버릴 것이다."

명상이나 잠든 상태에서는 생각하는 마음과 에너지가 척추와 뇌 속으로 물러나 걱정하고 불안해하는 버릇들을 청소해준다. 잠든 상태에서는 에너지가 잠깐 일시적으로 걱정을 해소해줄 뿐이다. 그러나 깊은 명상 속에서는 초超의식이, 뇌로 집중된 마음의 이완된 에너지를 활용해 습관이 숨어있는 뇌고랑 깊숙이 들어가, 나쁜 버릇들을 아예 소각해준다.

# 제6장

# 마음의 힘을 쓰라

Use the Power of Your Mind

••< 1 >••

처음부터 성공의 길을 가는 사람도 있고 버릇처럼 실패하는 사람도 있다. 내 친구이자 제자인 존John은 마치 실패자로 태어난 사람 같았다. 젊고 머리 좋고 근면한 사람인데도 하는 일마다 실패였다. 어느 날 그가 무일푼 신세로 찾아와서 나에게 조언을 구했다. "선생님, 저는 참 대단한 실패자예요. 무슨 영문인지 저를 고용한 회사마다 망하는 겁니다. 이놈의 고약한 실패의 진동 때문에 회사가 망할까 겁이 나서 취직도 못하겠어요. 친구들 사이에서도 실패자라는 낙인이 찍혔고 스스로 생각해도 성공하고는 거리가 먼 놈입니다."

그는 내 도움으로 작은 회사에 취직했다. 나는 그에게 날마다 잠자리에 들기 전이나 잠자리에서 일어나기 전에 '나는 성공한다. 어떤 식으로든 성공한다. 반드시 성공한다.'는 주문呪文을 외라고 일러주었다.

한 달 뒤에 그가 근심어린 얼굴로 찾아왔다. "선생님 소개해주신 회사가 갈수록 어려워지고 있어요. 다른 데로 보내주십시오. 그냥 있으면 아무래도 회사가 망할 것 같습니다."

내가 웃으며 성공을 확신하고 계속 회사에 다니라고 말해주었다. 보름쯤 뒤에 그가 찾아와서 한숨을 쉬며 말했다. "결국 그렇게 되고 말았습니다.", "뭐가?", "제가 말했잖아요. 회사가 문을 닫

았다고요!"

나는 존에게 일러주었다. "자네가 아침저녁으로 '나는 성공한다. 어떤 식으로든 성공한다. 반드시 성공한다.'고 주문은 외지만 그러는 마음 뒤쪽에 고집쟁이 녀석 하나가 '이 바보 얼간아, 그래봤자 너 때문에 회사가 망한다는 건 누구보다 잘 알잖아?'라고 자꾸 속삭이고 있는 걸세." 그는 이 말을 인정하고 돌아갔다.

나는 웃으면서, 긍정적인 주문을 욀 때는 온갖 부정적인 진동을 멈추라고 말해주었다. 의식하는 마음이 잠재의식에 영향을 미치고, 잠재의식은 다시 버릇의 힘을 빌어 현재의식에 영향을 미치기 때문이다.

나는 존에게 성공은 본인의 능력, 본인이 만드는 환경, 본인의 태어나기 전 버릇과 태어난 뒤의 버릇에 따르는 거라고, 그렇게 해서 만능인 초超의식에 연결되면 혼자서도 충분히 성공할 수 있다고 말해주었다.

나는 그를 좀더 규모가 큰 회사에 취직시켜주었다. 다른 때보다 제법 길다고 할 수 있는 여섯 달 뒤에 그가 와서 말했다. "선생님, 아무래도 빨리 그만둬야겠어요. 회사가 위태위태합니다." 나는 그냥 회사에 다니라고 말해주었다. 몇 주 뒤에 그가 쓸쓸하게 웃으며 말했다. "결국 이번에도 회사가 파산했지 뭡니까." 내가 그에게 조용히 말했다. "걱정 말게. 어디 다른 데 일자리가 있나 알아보세." 그가 말했다. "저 때문에 그 회사가 망해도 괜찮으시다면 어디 한번 알아봐주십시오."

여러 군데 알아본 결과 나는 그를 규모가 훨씬 더 큰 회사에 취직시킬 수 있었다. 비록 회사가 자기 때문에 망할 거라는 존의 두려움이 사라지지는 않았지만, 일 년이 지났는데도 회사는 아무 일 없이 잘 굴러갔다.

나는 존에게 개인 사업체를 만들어 거기에 돈을 투자해보라고 권했다. 그가 손사래를 치며 말했다. "아이고, 그랬다가 그동안 애써서 모은 돈만 홀랑 날려버리라고요?"

"아니지. 사람이 돈이나 에너지를 좋은 일에 투자하는 건 아주 마땅한 일일세. 뭐든지 시도해보시게. 반드시 성공할 거야."

그 뒤로 수년 동안 존은 몇 군데 체인점을 개설할 정도로 본인의 사업체를 키우면서 상당한 자본을 축적할 수 있었다.

일단 한번 성공을 거두자 존은 하는 일마다 성공하게 되었다. 하루는 그가 웃으며 말했다. "하느님과 선생님 은혜로 제 신세가 천하의 실패자에서 제법 성공한 사업가로 바뀌었습니다. 그런데요, 제가 실패한 것은 생각을 잘못해서였다는 것을 알겠는데, 제 실패의 진동 때문에 남들의 사업이 망한 건 무슨 영문인지 모르겠어요. 그게 어떻게 된 건지 설명 좀 해주십시오."

나는 그에게 말해주었다. "자네가 회사를 망친 게 아닐세. 비슷한 진동을 하는 사람들의 '끌어당기는 힘'이 상호작용한 거지. 자네는 망해가는 회사를 당기고 그 회사는 자네를 당기고, 마치 같은 비탈로 나란히 굴러가는 두 폭탄처럼, 그러다 꽝 터진 거고."

서양 사람들은 마음의 생각과 느낌의 힘이 얼마나 강한지를 배울 필요가 있다. 마음을 다스리는 기술(art)로 모든 면에서 성공할 수 있다는 것을 배우려면 세월이 좀 걸릴 것이다. 그 마음의 결과물만 추구하기보다는, 모든 것을 성취할 수 있고 온갖 힘을 지닌 마음 자체를 일구는 데 소홀하지 말아야 한다. 인도에서 가르치는 마음 다스리는 법과 초超의식에 연결되는 법을 배워서 자신에게 필요한 것을 직접 얻기를 바란다.

··❮ 2 ❯··

생각하는 마음이 모든 행복과 불행의 근원이다. 당신은 자신이 겪는 시련보다 강한 존재다. 지금은 몰라도 나중에는 알게 될 것이다. 하느님은 마음과 몸을 통제하여 온갖 아픔과 슬픔에서 벗어날 수 있는 힘을 당신에게 주셨다. '나는 망했다' 같은 말은 결코 입에 담지 말라. 특정한 음식을 먹지 못하면 아플 거라는 생각 등으로 마음에 독毒을 주입하지 말라.

마음속에 질병이나 한계 같은 생각을 품지 말라. 그러면 몸이 점점 좋아지는 것을 보게 될 것이다. 마음이 이 몸을 만드는 힘이며, 마음이 약해지면 몸도 약해진다. 그 어떤 것에 대해서도 슬퍼하거나 걱정하지 말라.

마음이 튼튼해지면 몸의 고통도 느껴지지 않을 것이다. 무슨 일이 일어나더라도 마음은 절대 자유로워야 한다.

•‹ 3 ›•

자신에게 있는 힘을 건설적으로 쓰라. 그 힘이 더 커질 것이다. 자신을 우주의 힘(Cosmic Power)에 조율調律시키라. '영靈'의 창조하는 힘을 얻게 될 것이다. 모든 문제를 해결하도록 안내해주는 '무한 지능'에 연결될 것이다. 존재의 '근원'에서 나오는 힘이 자신을 관통해 흐르면서 창조적으로 일하고 생각하고 매사에 지혜로운 사람이 되게 해줄 것이다.

•‹ 4 ›•

하느님은 당신이 스스로 나아갈 수 있도록 의지력, 집중력, 이성理性, 상식常識 그리고 신앙을 주셨다. 그러니 신성한 하늘의 도움을 받으면서 이 모든 것을 활용해야 한다. 동시에 에고ego에 전적으로 의존하느라 신성한 그분의 힘과 단절되는 일은 없어야 한다.

주문呪文을 외거나 기도할 때마다 자신과 남들을 치유하는 데 '내 것이면서 하느님이 내게 주신 힘'을 써야 한다. 언제 어디서나 하느님의 자녀로서 그분이 물려주신 지혜와 이성을 활용하고 있음을 믿으라.

온전히 하느님만 의존하는 오래된 관념(idea)과 자기 에고에만 의존하는 요즘 방식 사이의 저울추가 무너져야 한다.

$$\cdots \blacktriangleleft\ 5\ \blacktriangleright \cdots$$

입에서 나오는 모든 말에 진실과 더불어 깨친 영혼의 힘이 담겨 있어야 한다. 확신과 믿음과 직관에서 나오는 모든 말은 강하게 진동하는 폭탄 같아서 온갖 곤경의 바윗돌을 깨부수고 바라던 변화를 가져다준다. 비록 참말이라도 불쾌한 말은 입에 담지 말라.

이해와 느낌과 의지로 되풀이되는 진솔한 말이 없는 곳 없는 우주 진동의 힘을 움직여 어려움에 처한 당신을 무한 신뢰로 도와주고 온갖 의혹을 떨쳐버리게 할 것이다. 결과를 기대하며 두리번거리지 말라. 진동하는 기도의 씨를 우주 의식의 밭에 심고서는 그것이 싹을 제대로 틔우는지 알아보려고 흙을 자꾸 파헤쳐서야 쓰겠는가?

$$\cdots \blacktriangleleft\ 6\ \blacktriangleright \cdots$$

주문呪文을 욀 때는 정신집중이 우선이다. 하지만 끈질긴 반복도 그만큼 중요하다. 굳은 의지, 믿음, 정성으로 주문을 가득 채우고 결과에는 마음 쓰지 말라. 수고한 만큼 자연스럽게 거둘 테니까.

병을 고치기를 바란다면 언제나 믿음을 꺾어버리는 병 자체에 집중하지 말고 자기 마음에 집중하라. 두려움, 분노, 나쁜 버릇 같은 정신적 질환을 고치려 할 때는 그 반대되는 것들에 집중해야 한다. 예를 들면, 두려움에는 용기를, 분노에는 평화를, 나약함에는 강건함을 생각하고 거기에 집중하는 것이다.

육체의 병이든 정신의 병이든 사람들은 흔히 치유 가능성보다 병을 움켜잡는 힘에 더 마음을 쏟고 그 결과 병을 육체적·정신적 버릇으로 만든다.

육체와 정신의 고질병은 항상 본인의 잠재의식에 그 뿌리를 깊이 내리고 있다. 그러니 꾸준히 정성껏 주문을 외면 잠재의식이 바뀌어 저절로 생각이 달라질 것이다.

강한 의지로 끈기 있게 외는 주문의 힘은 잠재의식에만 영향을 미치는 게 아니라 기적 같은 정신의 힘이 저장되어 있는 초超의식에도 영향을 미친다.

개인적인 주문을 욀 때는 기꺼이, 가슴으로 느끼고 머리로 생각하며, 경건하게, 한동안은 소리를 내어서, 대개는 마음으로, 끈기 있게 집중해야 한다. 처음부터 주문에 집중하되 중간에 시들해지면 안된다. 게으른 아이처럼 시들해졌다가도 정신 차려 주문으로 돌아오고 또 돌아오라.

집중해서 머리로 생각하고 가슴으로 느끼면서 끈기 있게 반복하면 좋은 버릇을 만들어준다. 주문을 외는 동안 늘 고요하라. 깊고 오래 지속되는 주문들이 내면에서 확신으로 바뀔 때까지, 계속해서 외어야 한다. 병으로 죽음을 맞는다면, 치유되지 않은 몸과 마음을 의식하면서 죽는 것보다 치유되었다는 확신을 품고 죽는 것이 더 낫다.

모든 주문이 초의식에 가닿으려면 의심과 어지러운 정신에서 벗어나야 한다. 집중과 끈기는 맹목적인 주문조차도 잠재의식과 초의식의 빛으로 인도해주는 빛이다.


## 심리적 성공을 위한 요가난다의 주문呪文

나는 용감하다, 나는 강하다.
성공의 향기가 내 속에서 풍긴다, 내 속에서 풍긴다.
나는 침착하다, 나는 고요하다.
나는 달콤하다, 나는 친절하다.
나는 사랑이다, 나는 연민이다.
나는 매력만점이고, 끌어당기는 자석이다.
나는 모든 일이 즐겁다.
나는 온갖 눈물과 두려움을 닦아낸다.
나는 적이 없다.

나는 모두의 벗이다.

나는 버릇처럼 먹고 입고 행동하지 않는다.

나는 자유다, 나는 자유다.

오, 주의력이여, 내가 그대에게 명하노니

이리 와서 내가 하는 일과 일하는 나를 거들라.

내가 그리 생각하면, 내가 그리 생각하면,

나는 뭐든지 할 수 있다, 나는 뭐든지 할 수 있다.


교회나 사원에서 기도할 때마다 저의 떠돌아다니는 잡념들이

제 마음을 붙잡아 당신께로 가지 못하게 합니다.

제 마음을 붙잡아 당신께로 가지 못하게 합니다.

물질에 팔린 제 가슴과 머리를 되찾아서

기도와 명상으로 당신께 드릴 수 있도록 저를 가르쳐주십시오.

제가 한적한 곳에서 명상하며 당신을 예배하겠습니다.

제 손의 움직임을 통해서 흐르는 당신의 기운을 느끼겠습니다.

저의 모든 행실에 숨어계신 당신을 찾겠습니다.


··❮ 7 ❯··


인생의 성공은 타고난 능력에만 달린 게 아니다. 주어진 기회
들을 놓치지 않겠다는 결심에도  달려있다. 삶에서 만나는 기회들

이란 우연이 아니라 스스로 창조하는 것이다. 지금 당장 또는 가깝거나 먼 미래에, 다른 누구 아닌 바로 당신이, 그것들을 만들어낸다. 그렇게 일단 기회를 만들었으면 최대한 활용하라.

언제나 지금 당장 필요한 것에만 마음을 쓰고, 자신의 모든 능력을 동원하고, 유익한 정보들로 자신을 가득 채우면 인생을 더욱 값진 것으로 만들 수 있다. 아무쪼록 하느님이 주신 능력, 자기 존재 가장 깊은 데서 나오는 무한능력을 남김없이 모두 써야 한다.

··❮ 8 ❯··

당신의 생각 중에서도 가장 강한 생각이 성공이나 실패를 이끌어내는 건 불가피한 일이다. 그러니 자신이 세운 계획을 온전히 믿고, 그것을 실천으로 옮기는 데 있는 재능을 다 동원하고, 하느님이 당신에게서 이루시는 일을 취사선택 없이 받아들이라.

버릇처럼 하는 바로 그 생각에 따라서 인생의 성공과 실패가 결정된다. 만사를 부정적으로 생각하는 사람이라면 어쩌다가 괜찮은 생각이 들어도 그것으로 성공에 필요한 진동을 불러일으키기에는 역부족이다.

•◦〈 9 〉◦•

희망은 한 영혼이 하느님께 닿기 위해 통과해야 하는 환생還生의 어두운 통로를 비춰주는 빛이다. 사람들이 잠시 희망을 품었다가 몇 번 좌절하면 더 이상 희망하지 않고 의기소침해진다. 하느님의 사람은 결코 희망을 포기하지 않는다. 그 안에서 꿈을 실현할 기회들이 반드시 있음을 알기 때문이다.

희망을 버리는 것은 본인의 신성한 정체를 짐승의 탈 뒤에 감추는 것과 같다. 그러지 말라. 그러지 말고 위없이 높고 더없이 선한 것을 희망하라. 하느님의 자녀인 당신에게 그보다 좋은 것은 없기 때문이다. 희망을 지키라. 언제고 자기 안에서 잊었던 하느님의 형상을 다시 기억해내리라는 것을 직관直觀하는 데서 희망이 생겨난다.

•◦〈 10 〉◦•

집중력이 강한 사람은 한 데 모인 자기 마음이 올바른 성공의 길을 향하게 해달라고 하느님께 청해야 한다. 피동적인 사람은 하느님이 모든 일을 해주시기만 바라고, 자기중심적인 사람은 모든 성공을 자기가 거두었다고 생각한다. 피동적인 사람은 하느님의 힘을 쓰려 하지 않고, 자기중심적인 사람은 하느님의 힘을 제 맘대로 쓰려고 한다. 그들이 수고는 수고대로 하면서도 결국 실패하는 것을 보면 마음이 아프다.

피동성이나 자기중심주의는 둘 다 피해야 할 것들이다. 이른 아침과 잠자리에 들 때 남자, 여자, 어른, 아이 할 것 없이 모든 사람이 하느님께 연결되는 시간을 따로 가져야 한다.

송신기가 불안과 초조로 망가져있으면 결코 하느님께 자신의 메시지를 전할 수 없다. 그 모든 불안과 초조가 사라질 때까지 아침으로 저녁으로 깊은 침묵과 명상을 통해 망가진 송신기를 수리하라. 그러고 나서 하느님께 갈수록 깊어지는 평안을 응답받기까지 "아버지와 나는 하나다!"를 되뇌고 되뇌라. 옳은 방법으로 명상하지 않고서는 아무도 그 평안을 맛볼 수 없다. 갈수록 깊어지는 평안 또는 지복至福은 자신이 하느님과 긴밀히 연결되어 있다는 분명한 증거다.

자신의 메시지를 계속 전송해야 한다. "아버지와 나는 하나다!" 모든 것에 충만하고 모든 것을 위로하는 하느님의 지복이 몸으로 느껴질 때까지. 그런 다음, 하늘로부터 받은 권리로 청구하라. "아버지, 저는 당신 자식입니다. 그러니 저를 바른 행복과 번영으로 인도해주십시오." 또는 "아버지. 제가 생각하고 뜻을 세우고 행동하겠습니다. 하지만 제가 진정한 건강과 재물과 평화와 지혜를 얻는 데 그것들을 쓸 수 있도록 제 생각과 뜻과 행동을 이끌어주십시오."

뜻을 정하고 행동으로 옮기기 전에 먼저 하느님과 연결하라. 그 다음에 그 뜻과 행동이 바른 목표를 향하도록 하라.

송신기로 누구한테 한 번 무엇을 청했다가도 바로 그만두면 그것을 얻을 수 없다. 한 번 기도하고 돌아서지 말고 그분 음성이 들릴 때까지 계속해서 기도하라. 많은 사람들이 '설마' 하면서 기도한다. 응답받고야 말겠다는 각오로는 기도하지 않는다.

기억하라. 모든 행복과 번영으로 가는, 건강과 재물과 평화와 지혜를 얻는 가장 확실한 길은 명상을 통해 응답받을 때까지 쉬지 않고 자신의 메시지를 고요한 마음의 송신기로 하느님께 전송하는 것이다.

# 제7장

# 침묵 속에서 자신의 참 본성을 발견하라

Discover Your True Nature in Silence

••❮ 1 ❯••

오랜 세월 작은 몸과 그에 필요한 것들에 마음을 모으다보니, 없는 곳 없는 영혼이 제 본성을 잊어버렸다. 하느님은 없는 곳 없는 분이시다. 그분 형상으로 빚어진 인간의 영혼에도 없는 곳 없는 경험의 씨앗이 들어있다. 작은 씨 한 알에 나무 한 그루가 은밀히 숨어있듯이, 작은 영혼에도 없는 곳 없음이 숨어있다.

날마다 몸만 살피다보니 그 마음이 스스로 육신에 매어있다고 생각하게 되었다. 마음이 몸을 명상하면 몸에 매인다. 마음이 '무한'을 명상하면 그것에 매이지 않는다. '무한'에 대한 명상이 깊어지면, 마음은 작은 몸에만 갇히지 않는 게 아니라 다른 어떤 것에도 갇히지 않게 된다.

영적인 사람은 연민과 명상의 빛을 통해 다른 영혼들의 아픔과 불행을 느끼게 된다. 그는 '세계가 바로 내 집'이라는 사실을 몸으로 느낀다. 명상에 뜻을 둔 사람이 자신의 작은 몸에 대한 집착을 버려야 하는 이유가 여기 있다. 그는 덥거나 추운 날씨에 구애받지 않는 법을 배워야 한다. 굶주림과 통증을 극복할 줄 알아야 한다. 작은 몸을 다스리고 온갖 집착을 정복할 수 있어야 한다. 마음이 몸에 집중되어 있는 한, 그 영혼이 없는 곳 없는 제 본성을 기억할 수 없기 때문이다.

자기 안에 있고 밖에 있는 가없는 '무한 공간'을 끊임없이 생각하는, 그리하여 영혼이 작은 몸에 대한 집착을 여의고 넓은 무한 공간을 하느님으로 기억하는 것이 명상이다.

**•‹ 2 ›•**

당신은 평화로운 본향本鄕 집을 멀리 떠나 거친 들판을 헤맸다. 지금 당신은 행복했던 집으로 돌아가고 싶은 방탕한 아들이다. 아버지가 기다리신다. 스스로 만든 좁은 감옥에서 거지처럼 구걸하지 말라. 스스로 쌓은 벽을 허물라. 게으른 아들 대신 착한 아들이 되려고 노력하라.

명상하라. 그리고 고요한 마음의 송신기로 바라는 것을 요구하라. 머리나 생각으로만이 아니라 온몸으로 그분과 자신이 하나라는 사실이 느껴질 때까지, 소리 내어 부드럽게 확신을 품고 말씀드리라. "아버지, 아버지와 저는 하나입니다!"

그렇게 해서 당신의 메시지가 하느님께 닿으면 그분의 응답이 느껴질 것이다. 마음 라디오의 주파수를 더없이 부드러운 그분 손길에, 더없이 깊은 그분 사랑에 맞추라.

그러면 갑자기 어떤 노래로, 우주의 음성 또는 수억만 꽃들의 향기로 그분이 자신을 펼쳐 보이실 것이다. 그분이 거기 계신 것을 보여주는 가장 확실한 표시는 평화로이 밝아오는 새벽이다. 그것이 그분의 신비로운 접근을 알려주는 첫 번째 메신저다. 그때 평화가 끝없는 기쁨의 눈부신 빛으로 펼쳐지고, 갈수록 매혹적이고 새로운 기쁨의 빛 속에서 그분을 보게 될 것이다.

　더없이 깊은 명상의 비밀스런 문을 열기 전에는 아무도 그 메신저를 받아들이지 못한다. 갈수록 깊어지는 평화와 기쁨을 통해서 그분과 연결되었을 때, '이제 저는 더 이상 방탕한 아들이 아니'라고 아버지께 말씀드리라. 초超의식으로 거듭거듭 '나와 아버지는 하나'라고 심호흡으로 말하라. 바야흐로 당신은 아버지의 저택으로 돌아왔다.

　아버지와 하나 되게 해달라는 당신의 위없이 높은 기도를 아버지께서 받아들이셨거든 이제 그보다 못한 것들, 번영이나 행복, 능력, 지혜 또는 원하는 다른 것들을 청구하라. 자신의 신성한 태생권리를 회복하라.

··❰ 3 ❱··

　사람이 신경과민으로 끊임없이 몸을 움직이면 그의 생명기운도 편치 않고, 마음도 편치 않고, 호흡도 편치 않다. 그러나 명상을 통해 고요함을 수련하면 그 마음과 생명기운이 본인의 통제 아래로 들어온다.

　적절한 호흡과 명상으로 숨이 고요해지면 더 깊이 집중할 수 있다. 명상으로 정신을 집중하고 자기를 절제하면 호흡과 생명기운이 저절로 고요해지는 것을 알게 된다. 그렇게 해서 안정된 성품을 얻는 것이다.

··❬ 4 ❭··

침묵하는 기술(art)을 익히라. 근심걱정, 질병, 죽음의 호랑이가 당신을 쫓아 달려오고 있다. 당신이 안전하게 피할 수 있는 유일한 장소는 침묵 속에 있다.

더 많이 침묵할수록 더 많이 행복할 것이다. 깊이 명상하는 사람은 놀라운 침묵을 느끼는데, 그것은 사람들에 에워싸여 있으면서도 유지되는 침묵이다. 명상에서 배운 것을 말과 행동으로 실습하면서 아무도 자신의 고요를 흐트러뜨리지 못하게 하라. 자신의 평화를 꼭 부여잡고 있으라.

사람들을 만날 때 그들의 의식 상태에 영향 받지 않도록 하라. 그들이 하느님을 찬양할 때는 그들과 함께 노래하라. 하지만 그들이 바람직하지 못한 모습을 보일 때는 떨어져 혼자 있으라. 침묵으로 사람들을 만나고, 침묵으로 먹고, 침묵으로 일하라. 하느님은 침묵을 좋아하신다.

··❮ 5 ❯··

항아리의 출렁이는 물 위에 비친 달은 일그러져 보이지만 달 자체는 결코 일그러지지 않는다. 일그러진 달의 모습은 출렁이는 물결의 작품이다. 항아리의 물을 고요하게 하라. 일그러지지 않은 온전한 달을 보게 될 것이다.

흐트러진 마음과 신념의 결핍 때문에 내면에 있는 하느님의 옹근 이미지가 일그러졌다. 당신이 하늘로부터 받은 천부적 능력은 당신 안에 고스란히 있다. 당신 내면의 힘 있는 이미지가 일그러진 것은 그동안 살면서 받아들인 그릇된 확신들과 잠재의식의 나쁜 버릇들 때문이다. 초超의식의 요술지팡이로 마음의 물결을 고요히 진정시키라. 모든 것을 통제하는 완벽한 자신의 능력을 보게 될 것이다.

··❮ 6 ❯··

하느님이 처음부터 당신과 함께 하셨다. 언제나 당신 곁에 계셨다. 지금도 그렇다. 당신이 어디로 가든 그분만은 당신과 함께 가실 것이다. 당장 그분과 화해하라. 하느님을 위한 임무보다 중요한 임무가 없다. 어떤 임무도 하느님의 힘 아니면 완수할 수 없기 때문이다.

··❮ 7 ❯··

인간에게는 척수脊髓와 마음(가슴)으로 통제하는 다섯 개의 전화기가 있다. 시각, 청각, 미각, 후각, 촉각이 그것들이다. 마음(가슴)과 척수는 그 전화기를 뇌에 연결해주는 스위치다. 감각 하나가 뇌에 도달하자마자 생각들이 일어난다. 생각을 떨쳐버리는 과학적 방법은 감각의 대상에 대한 시선을 거두는 것이다.

명상을 통해 에너지를 감각에 연결하지 않고 의식적으로 '무한(the Infinite)'에 들여보내는 법을 배울 수 있다. (이 책 9장의 '홍사우 호흡법' 참조) 그리하여 육신의 경계에서 영원의 경계로 의식을 확장할 수 있다.

온갖 복잡한 생각들의 신전神殿에서 완전히 자유로워지기 전에는 하느님이 당신에게 오시지 않을 것이다. 당신 마음에서 세속적인 생각들이 전부 지워졌음을 확인하기까지 하느님은 스스로를 당신에게 넘겨주시지 않는다. 그분은 쉴 새 없는 돌풍 앞에서 버티지 못하는 촛불과 같다. 쉴 새 없는 온갖 생각에서 자유로워졌을 때 비로소 그분이 당신에게서 타오르실 것이다.

··❮ 8 ❯··

우리는 과학적으로 정신을 집중하는 방법을 가르친다. 다음과 같은 광경에서 많은 사람에게 익숙하지만 별 효과 없는 집중의 방식을 볼 수 있을 것이다.

어느 아파트, 추운 겨울 오후 2시. 한 여인이 그림자를 끌며 방으로 들어와 척추를 바로 세우고 집중하는 자세로 의자에 앉는다. 엉덩이가 바닥에 닿는 순간 큰소리로 말한다. "이거 자리가 너무 딱딱하군. 방석이 있어야겠어." 그녀가 방석을 깔고 앉는데 이번에는 의자가 삐걱거려 집중을 방해한다. 방석을 들고 다른 의자에 앉는다.

"음, 이제 됐어. 이만하면 마음을 집중할 수 있겠군." 그렇게 잠시 앉아있는데 갑자기 라디에이터 쪽에서 '타타탕, 타타탕' 소리가 요란하다. 그녀가 진절머리 치며 일어나 라디에이터 소리를 틀어막는다. 그러고 다시 명상으로 깊이 들어갈 결심을 굳힌다.

그런데 그도 잠시, 이웃집에서 '딩동댕동' 피아노 소리가 들려온다. 그녀가 약이 잔뜩 올라 생각한다. '저놈의 지겨운 피아노 소리, 꼭 내가 명상하려고 앉으면 들린단 말이야!' 속에서 이글거리던 분노가 차츰 가라앉자 그녀는 생각한다. '그래도 피아노가 음색은 괜찮은 편이군. 그런데 조율 좀 해야겠어.' 그러자 먼 옛날 할머니가 치던 그랜드피아노가 생각난다. 아, 할머니, 부모님한테 꾸중들을 때마다 나를 감싸주시던 사랑스러운 우리 할머니…, 할머니에 대한 이런저런 추억들이 꼬리를 문다.

문득, 그녀가 달콤한 추억에 잠겨있는 자신을 본다. '아, 내가 지금 침묵 명상 중이지? 다시 집중하자.' 그녀의 자존감이 흐트러진 자신을 나무랐고 심기일전하여 명상에 집중한다.

이제 막 눈을 감고 잠시 나왔던 명상으로 들어갈 참인데, '따르릉, 따르릉…' 뜬금없는 전화벨 소리가 그녀의 인내심을 흔들어 놓는다. 어금니를 악물고 숨을 몰아쉰다. '받지 않을 테다. 망할 놈의 전화벨. 울릴 테면 울려라. 내가 꿈쩍이라도 할 것 같으냐?' 하지만 '따르릉, 따르릉…' 전화벨은 아랑곳없다는 듯, 지치지도 않고 계속 울려댄다.

음, 저게 무슨 급한 용건이면 어쩌지? 아무래도 받아봐야겠다. 그녀는 수화기를 든다. "여보세요? 누구를 찾으십니까? 여기는 그린빌 2924번지인데요…" 그러자 저쪽에서 들려오는 소리, "아, 잘못 걸렸네요." 우와, 미치겠네. 그녀가 수화기를 팽개치듯 제자리에 던진다.

무서운 시련이 지나가고 그녀는 다시 용기를 내어 정신을 집중한다. 한편 그녀의 뇌는 이런 생각들로 시끄럽다. '저놈의 전화기를 부숴버리든가 해야지. 다시는 성가시게 못하도록.' 전화벨이 울리면 아예 전화선을 끊으리라 마음먹고 손에 가위를 든다. 그러다가 마음을 바꾸어 전화기 곁에 망치를 놓아두고 의자로 돌아온다.

이윽고 여인은 다시 한 번 자리에 앉아 마음을 집중한다. 몇 분이 흐르고, 피아노에 전화벨에 명상을 방해하는 것들과 싸우느

라 고단해진 그녀에게 이번에는 졸음이 찾아온다. 깜박 졸다가 문
득 깨어난 그녀, 졸던 자신이 창피해서 얼른 척추를 바로 세우고
명상 자세로 돌아간다. 바로 그때 문밖에서 울리는 초인종 소리!
그녀가 속으로 다짐한다. '이 집에는 아무도 없어. 그러니 문 열어
주지 않을 거야.'

　하지만 초인종 소리는 그치지 않고, 그녀는 다시 생각한다.
'어쩌면 누가 급한 용무로 찾아온 건지도 몰라.' 그녀가 일어나서
문을 열자 거기 서있는 사람들은 수다 떠는 데 도사인 동네여자 세
사람이다. 그녀가 웃으며 말한다. "어머나? 잘 있었어? 어서 들어
와. 찾아줘서 고맙다." 하지만 속으로는 구시렁거린다. '망할 놈의
여편네들. 하필 이 시간에? 어서 돌려보내고 명상을 계속해야지.'

　네 여인이 둘러앉아 수다를 떨다보니 세 시간이 훌쩍 지났다.
이윽고 문이 다시 열리고 세 사람이 돌아간다. 혼자 남은 여인이
한 번 더 의자에 앉아 중단되었던 명상을 시도해보지만 마음은 온
통 라디에이터, 피아노, 전화벨, 초인종 그리고 여전히 귓가를 맴
도는 수다들에 대한 기억으로 어수선하다. 그녀가 시계를 보고 한
숨을 쉬며 말한다. "아무래도 오늘은 명상을 포기해야겠다. 안녕.
오늘은 아닌가봐. 이제 저녁 준비할 시간이거든."

　이는 대부분의 사람들이 정신을 집중하려고 할 때 겪는 일상
적인 일들이다.

　하느님은 당신 자녀들의 기도에 응답하여 침묵과 평화의 음

성으로 말씀하신다. 하지만 피부에 닿고 보이고 들리는 온갖 감각들, 그것에 연결되어 꼬리를 무는 생각들에 그분의 음성이 질식당한다. 그러면 슬프게도 하느님이 등을 돌리신다.

제8장

# 헌신, 기도, 명상으로
# 하느님께 연결되라

Contact God Through Devotion,

•◀ 1 ▶•

덧없는 꿈에서 자신의 영혼을 부활시키라. 영원한 지혜로 자신을 부활시키라. 그 방법은 무엇인가? 긴장 풀기, 자제력, 올바른 식생활, 올바른 각오 그리고 두려움 없는 마음 자세가 그것이다. 패배를 인정하지 말라. 패배를 인정하는 것이 다른 패배를 불러온다.

당신에게는 무한한 힘이 있다. 그 힘을 길러야 한다. 몸과 온갖 시련의 족쇄로부터 영혼을 부활시키는 방편이 명상이다. 무한하신 분의 발치에서 명상하라. 하느님으로 자신을 흠뻑 적시는 법을 배우라. 당신이 겪는 시련이 제법 크겠지만, 당신의 가장 큰 적은 자신이다. 당신은 불멸不滅이고 당신의 시련들은 필멸必滅이다. 시련들은 바뀔 수밖에 없지만 당신은 바뀔 수 없다. 당신이 그 영원한 힘을 풀어놓을 수 있고, 그것으로 자신의 시련을 흩어버릴 수 있다.

•◀ 2 ▶•

혹시 하느님과 연결되지 않거나 가슴을 두드리는 그분의 노크소리가 들리지 않더라도 마음 쓸 것 없다. 당신은 오랜 세월 그분으로부터 멀리 달아났고 감각의 덤불에 몸을 감추어왔다. 난폭한 열정의 시끄러운 소리와 물질세계에서 이리저리 끌고 다니는 무거운 발걸음 때문에 당신은 안에서 부르시는 그분 음성을 듣지 못하게 되었다. 멈추라. 고요해져서 깊은 명상에 들라. 그 침묵에서, 신성하신 그분의 현존이 어렴풋하게 나타날 것이다.

하느님은 법에 따라 응하신다. 누구든지 그 법을 따르려는 사람은 그것을 시험해볼 수 있고 스스로 경험할 수 있다. 물질의 법칙은 육체의 감각으로 알아볼 수 있다. 신성한 법칙은 명상과 직관으로 이해할 수 있다. 하느님은 헌신, 사랑, 올바른 명상, 영혼의 호소로 다가가는 사람들에게 스스로를 감추지 않으신다. 간절한 영혼의 호소를 하느님이 듣지 못하는 경우는 없다. 하지만 언제나 우리가 기대한 대로 응답해주시는 것은 아니다.

늘 새롭고 갈수록 커지는 기쁨이 당신의 침묵을 가득 채울 때, 그때 알아차리라. 당신은 하느님께 연결되어 있고, 그분이 당신의 영혼을 통해 응답하고 계신다는 것을!

고요한 밤중에, 동트는 새벽에, 그리고 어스름 황혼에 자신을 온전히 그분께 바치고 깊은 명상 가운데 당신의 소원에 대한 그분의 응답을 기다리라. 오랜 세월 지속된 우주의 침묵이 마침내 깨지고 그분의 응답을 받게 될 때까지 날에서 날로, 달에서 달로, 해에서 해로 의지의 힘을 굳게 세우고 명상을 계속하라. 오래지 않아 깊은 명상 속에서 하느님의 지복이 자신을 감싸고 평화의 음성으로 그분이 말씀하시는 것을 보게 되리라.

••< 3 >••

어떻게 드리는 기도가 하느님의 응답을 받는지, 그것을 알아야 한다. 순전히 머리로 생각해서 하는 기도로는 지적인 만족은 얻겠지만 하느님의 응답을 받지는 못한다. 감성적인 기도는 사람을 흥분시키고, 자기 몸과 마음을 바치는 기도는 영혼의 조용한 기쁨을 안겨준다.

기도에 응답받고 싶으면 가끔은 소리를 내어, 대부분은 마음속으로, 자기 내면에서 일어나는 일을 아무에게도 말하지 말고, 안으로부터 북받치는 영혼으로 기도드려야 한다. 영혼의 한적한 밤 깊은 적막 속으로 들어가서 기도드리라. 온몸의 세포와 생각들을 관통하여 울리는 기쁨의 음성으로 응답해주실 때까지, 주어진 상황에서 어떻게 처신할 것인지를 알려주실 때까지, 쉬지 말고 기도드리라.

명상 뒤에 기쁨이 찾아오면 그것은 하느님이 당신 가슴의 라디오로 응답하신다는 증거다. 명상과 확신이 깊어지고 오래 지속될수록 가슴을 울리는 기쁨도 커질 것이다. 그러면 하느님이 계심을, 그분이 늘 존재하시고, 늘 의식하시고, 없는 곳이 없으시며, 늘 새로운 기쁨이심을 알게 될 것이다. 그때 요구하라. "아버지. 이제, 오늘, 하루 종일, 모든 내일에, 모든 순간에, 제가 잠들어있든 깨어있든, 저의 삶과 죽음 너머까지 제 곁에 계시며 기쁨으로 제 가슴에 응답해주십시오."

··❮ 4 ❯··

일반적인 기도의 형식 대부분이 별 효과가 없는 까닭은 우리가 하느님을 진정으로 대하지 않기 때문이다. 그분은 우리 깊은 곳에 있는 이기적 욕망들을 아신다. 그래서 스스로를 나타내시지 않는 것이다. 감각과 생각의 마귀들이 우리 몸과 마음의 신전神殿에서 춤추는 한, 침묵의 베일 뒤에 숨어계신 하느님을 알아보기 어렵다.

··❮ 5 ❯··

대부분 사람들이 기도하면서 마음은 딴 데 가있다. 하느님을 사랑한다면서 그 사랑을 끊임없이 표현하지 않는다. 그렇게 하는 기도는 응답받지 못한다.

많은 사람들이 하느님께 구걸한다. 그래서 그들이 얻는 것은 아들의 몫이 아니라 거지의 동냥이다. 거지는 구걸하고 아들은 청구한다. 구걸하는 거지가 아양을 떨고 굽실거리고 매달리는 건 자연스러운 일이다. 자식은 똑바로 서서 진지하게 겁 없이 청구한다. 하느님의 자녀로서 청구하는 사람은 아버지한테 있는 것을 모두 받을 수 있다.

거지는 자기가 구걸한 것이 받아들여질는지 의심한다. 참 아들은 자신의 청구가 충족될 것임을 안다. 당신은 본디 아들이었다. 그런데 당신의 약함이 자신을 거지로 만들었다. 당신의 태생권리를 주장하려면 먼저 그분의 아들이어야 한다. 그러므로 무언가를 청구하기 전에 먼저 아들이 되게 해달라고 청구하라. 예수님이 명상의 기쁨 속에서 "나와 아버지가 하나다."라고 말씀하셨듯이 자신이 하느님과 하나라는 것을 확인하라. 거지처럼 애걸하지 말고, 자기 안에 있는 늘 새로운 지복至福에 일치됨으로써, 무지로 인해 떨어져 나온 자기 영혼을 하느님께 다시 일치시키라. 그리하여 지복이신 하느님과의 연결을 회복한 뒤에 건강과 번영과 지혜를 속삭임으로 청구할 수 있을 것이다.

••❮ 6 ❯••

건강이 안 좋거나 궁핍하거나 다른 허약함 때문에 용기를 잃고 낙심할 것 없다. 기억하라, 고통과 죄는 다만 일시적인 접목接木(graft)일 따름이요 진정한 자신은 하느님의 영원한 자녀라는 진실을. 세상이 비록 당신을 정죄하고 버리더라도 하느님은 끝내 당신을 찾아 집으로 데려가실 것이다. 그분이 보이지 않는다 해서, 당신 가슴의 문을 두드리는 그분의 노크소리가 들리지 않는다 해서 걱정할 것이 하나도 없다.

··❮ 7 ❯··

홀로 있기(solitude)는 하느님께 연결되려면 치러야 하는 값이다. 마음과 몸과 영혼의 라디오 주파수를 하느님 방송에 맞추는 법을 배울 필요가 있다. 하지만 하느님은 법 위에 계신 분이라 그분의 눈길을 끌고 싶다면 진정한 헌신獻身이 반드시 있어야 한다. 자기 전부를 바치면서 드리는 호소는, 그것이 진지하고 깊고 한결같으면, 그리고 깊은 명상이 뒷받침해준다면 하느님의 응답을 받아낼 것이다. 헌신적인 청구가 법보다 크다. 그것이 하느님의 중심을 건드려, 못나고 잘난 자녀들에게 응답하시게 만들기 때문이다. 사랑 때문에 하느님은 경건한 자들에게 자신을 내어주신다.

엄마가 장난감 하나 던져주면 울음을 뚝 그치는 아이처럼 굴지 말라. 이름, 명성, 권력, 재물 같은 것 모두 던져버리고 마냥 떼쓰는 아이처럼 신성하신 어머니 품에 매달리라. 그러면 당신의 기도가 응답받을 것이다. 하느님과의 연결이 확인될 때까지 계속 기도하라. 그런 다음에 위없이 높으신 분께 자신의 신성한 태생권리로, 물질로 정신으로 영으로 필요한 모든 것들을 청구하라.

··❮ 8 ❯··

명상은 완벽한 이완弛緩이고 하느님을 아는 유일한 방편이다.

명상 말고 다른 모든 것을 이룬다 해도 생각의 침묵 끝에 오는 기쁨은 맛보지 못할 것이다.

아마 이렇게 묻고 싶을 것이다. "방금 이야기한 그 기쁨이 과연 있는지 내가 어떻게 알 수 있는가?" 내 답은 이것이다. 날마다 깊이 그리고 중단 없이 명상을 수련해보라. 그러면 늘 존재하고, 늘 의식하고, 늘 새로운 기쁨을 자기 안에서 찾게 될 것이다. 수련을 꾸준히 계속하면 활동할 때나 침묵할 때나 심지어 꿈속에서도 명상이 내 곁에 있을 것이다. 거기서 오는 기쁨이 자신을 매사에 바른 행위로 인도하고, 기도에 대한 응답이 될 것이다.

또한 이것도 내가 하고 싶은 말이다. 그 기쁨을 한번 맛보면 다른 모든 욕망들이 초라하게 여겨질 것이다. 의식이 끝없이 확장되고 온갖 어려움들 가운데서도 흔들리지 않을 것이다. 온 세계가 동원되어도 그 지복至福을 포기하도록 꾀어내지는 못할 것이다. 당신은 그 지복 안에서 인생의 모든 것을 즐길 것이다.

··❮ 9 ❯··

명상 중에 맛보는 기쁨은, 늘 새로운 기쁨을 주시는 하느님이 거기 계시다는 증거다. 간혹 졸음이 덮쳐오려 할 때 나는 말한다. "나에게서 떠나라, 이 몽롱한 마취제야. 이 무감각 속에서 내 기쁨을 잃고 싶지 않다."

명상을 자주 수련하면 온몸이 바뀐다. 진정으로 하느님께 연결되면 모든 것이 조화를 이루고 모든 것이 평화의 바다 속으로 녹아들기 때문이다. 하지만 위없이 높은 힘을 옹글게 알아차리고 그 힘을 발휘하려면 정직하게, 열심히, 그리고 끊임없이 한결같은 명상을 수련해야 한다.

••❬ 10 ❭••

당신의 나라가 없는 곳이 없다는 사실을 당신이 잊었다. 스스로 자신에게 무슨 짓을 했는지 거울을 한번 들여다보라. 나이는 아무것도 아니다. 하지만 자신이 늙어 보인다면 그건 좋지 않다. 끝없는 재치와 가벼움으로 내면이 빛나야 한다. 하느님이 당신 눈 뒤에서 반짝거리신다. 그런데 당신이 휘장으로 그분을 가려놓았다. 감긴 눈의 어둠 뒤에 하느님의 빛이 있다는 사실을 기억하라. 그 나라는 당신의 나라다. 당신은 없는 곳이 없다. 영원이 당신의 집이다.

••❬ 11 ❭••

우리를 공격하고 어지럽히는 어려움과 질병과 근심걱정보다는 감사해야 할 것들에 대해, 그분께서 내리신 복에 대해 명상하면

드디어 하느님이 보이기 시작할 것이다.

··❰ 12 ❱··

　명상 속에서 더 많은 평화를 느낄수록, 그만큼 하느님 가까이에 있는 것이다.

··❰ 13 ❱··

　명상이 깊어지면 기쁘고 평화로운 상태가 되지만, 그러다가도 어느새 호흡이 거칠어지고 온갖 욕망과 어지러운 생각들이 일어난다. 수행자는 마땅히 이에 낙심하지 말고 더 깊은 명상으로 호흡과 감각을 고요하게 만드는 법을 배워야 한다.
　비록 사람이 자기 육신을 극복할 수 없더라도 명상은 계속해야 한다. 그때 비로소 감각의 덜한 즐거움과 영혼의 더한 즐거움을 비교할 수 있을 것이다.

··❰ 14 ❱··

　안절부절못하는 생각이나 몸동작이 남아있는 한, '내면의 음성'을 듣거나 '내면의 눈'으로 볼 수 없다. 달리 말해, 하느님이 당신의 신전神殿으로 들어오시지 않는다. 헌신과 사랑과 영감靈感의 빛으로 환해지고 안팎으로 고요한 몸의 신전이 마련되어야 하느님을 모실 수 있고, 그때 비로소 참된 직관과 참된 전망(vision)이 깨어날 것이다.

·· ❮ 15 ❯ ··

척추를 바로 세우고 앉아야 한다. 척추를 구부리고 어딘가에 기대는 것은 당신의 몸이 포기할 준비가 되어있다고 말하는 것과 같다. 무슨 중요한 일을 하는 것처럼 그렇게 앉아야 한다.

구부정한 척추는 자기 깨달음의 적敵이다. 머리가 구부정한 척추에 얹혀있으면 몸의 전류가 살과 뼈로 흐르는 데 바빠서 하느님께 온전히 집중할 수 없다. 몸을 단련하라. 그러면 마음이 자신의 의식을 몸에서 무한하신 이에게로 자유로이 옮겨줄 것이다.

·· ❮ 16 ❯ ··

명상하다가 잠드는 사람들이 있다. 아무쪼록 폭넓게 깨어있어야 한다. 잠의 주문呪文에 걸릴 것 같거든 몸을 흔들어 떨쳐버리라. 온몸을 한번 긴장시키고 나면 잠이 사라질 것이다. 신선한 공기도 깨어있는 데 도움이 된다.

··❮ 17 ❯··

자기 깨달음(실현)은 여린 씨앗과 같다. 명상으로 물을 주고 그 둘레로 울타리를 쳐줘야 한다. 그래야 근심걱정, 두려움, 분노 따위가 작은 나무들을 해치지 못할 것이다.

끊임없이 명상하면서 '하느님의 의식'이라는 북극성에 마음의 초점을 맞추라. 나침반이 되라. 어디에 두어도 그 자리에서 작은 바늘이 북극성을 가리킬 것이다. 당신의 의식 또한 그래야 한다. 언제 어디서나 하느님과 함께 있으라. 무한하신 이와 더불어 모든 것을 즐기라. 그 의식 안에서 항상 행복할 것이다.

··❮ 18 ❯··

마음은 고요를 드러내야 한다. 일상의 걱정과 시련이 있는 곳에서도 마음은 수면의 출렁이는 물결에 영향 받지 않는 깊은 물과 같아야 한다.

명상수련을 통해 심장과 폐와 다른 내장기관들을 잠잠하게 할 수 있다. 완벽한 이완弛緩으로 근육과 내장기관의 움직임이 멈추면 신체조직들이 부패하거나 파괴되는 것을 얼마동안 막을 수 있다.

매일 아침 절대 침묵으로 들어가서, 몇 분이라도 좋으니 생각을 지우라. 명상이 깊어질수록 침묵이 주는 것만 한 기쁨이 세상에 없다는 사실을 알게 될 것이다. 그렇게 명상 속에서 기쁨과 연결되는 것이 곧 하느님과 연결되는 것이다. 몸과 마음을 바쳐서 먼저는 하느님의 사랑을 구하고, 그 다음에 지혜와 행복과 건강과 재물을 구하고, 나머지 다른 특별한 소원의 성취를 기도하라.

·· < 19 > ··

일 분分이 일 년年보다 중요하다. 자신의 일 분을 하느님 생각으로 가득 채우면 하느님 의식에 흠뻑 젖어서 일 년을 살게 될 것이다.

결코 내일을 생각하지 말라. 오늘을 잘 살피라. 내일도 잘 살피게 될 것이다. 명상을 내일까지 미루지 말라. 좋아지기를 내일까지 미루지 말라. 지금 좋아지라. 지금 고요해지라. 이것이 인생의 전환점이 될 것이다.

# 제9장

# 명상법 몇 가지

Meditation Techniques

•◦**❮ 1 ❯**◦•

아침 잠자리에서 일어나자마자, 점심시간 그리고 다시 잠자리에 들기 전, 이렇게 수련해보라. 등을 펴고 반듯이 누워 몸의 긴장을 풀고 움직이지 않는다. 시간은 생각할 것 없다.

하느님께 모든 것을 맡기는 기도를 바치되 그분의 응답이 느껴질 때까지 계속한다. 눈을 감고 양미간에 마음을 모으고 숨을 내쉬면서 "옴-그리스도" 또는 "옴-행복"을 열두 번 반복한다. 그러고 나서 숨을 들이쉰다.

이렇게 스무 번 또는 스물네 번 호흡을 되풀이한다. 그런 다음, 갈수록 커지는 평화를 통해 하느님과의 긴밀한 연결이 느껴질 때까지 속마음 깊이 기도드린다.

생생하게 의식되는 평화가 내면을 가득 채우면 하느님께서 함께 계신다는 확실한 증표다. 더 오래, 더 깊이 집중할수록 하느님의 언어인 평화가 그만큼 커질 것이다.

깊은 평화가 안에서 느껴지면 분명하게 말하라. "당신과 저는 하나입니다. 당신이 저를 통하여 당신의 지혜를 온전히 나타내십니다." 또는 "당신과 저는 하나입니다. 당신은 제 아버지, 저는 당신의 자식입니다. 그러므로 당신 것이 곧 제 것입니다. 당신 자식인 저에게 본디 저의 것인 온갖 행복과 번영을 주십시오."

··❮ 2 ❯··

다음 명상법들은 영성생활에 뜻을 둔 사람들에게 그 영혼을
육체에 한정된 상태에서 무한 자유로 해방시키는 데 도움이 될 것
이다.

† 아침에 일어나는 대로 척추를 바로 세우고 앉아서 창밖의
드넓은 하늘을 본다. 창으로 하늘을 볼 수 없는 형편이면 머리
로 그려본다. 몸과 방과 하늘을 아울러 바라보는 자신을 상상
한다. 당신이 몸이고 방이고 하늘임이 느껴질 때까지 몇 분이
고 명상을 계속한다. 이 방법으로 낮이든 밤이든 실내에서든
밖에서든 언제든지 수련할 수 있다.

† 바르게 앉아 눈을 감는다. 하늘이 지붕인 '세계 집(world-
home)' 바닥에 앉아있는 자신을 상상한다. 북극과 남극이 흰
눈으로 덮여 있고 산과 강과 바다로 장식되어 있는 세계 집을
그려본다. 지구를 덮고 있는 숲들을 멀리서 바라본다. 이제 가
까운 나라와 민족과 가족들, 그리고 사랑하는 사람들이 함께
어울려 시간의 무대 위에서 펼쳐 보이는 인생드라마를 머릿속
으로 그리며 말한다. "친애하는 나의 백색, 갈색, 검은색, 황색
아버지, 어머니, 형, 아우, 누이 그리고 친구들!" 그 모든 사람들

이 내 가족이고 사랑하는 사람들이라는 사실을 온몸으로 느끼며 계속 말한다. "우리 모두 한 분이신 하느님, 우리를 당신 형상으로 지으신 아버지께 절합시다. 아담 할아버지 하와 할머니께 절합시다. 그분들 피가 지금도 우리 몸을 돌고 있습니다. 이 커다란 지구별에서 당신 뜻을 좇아 행복하고 조화로이 살게 해주신 우리 모두의 아버지 어머니 하느님께 감사드립시다."

† 눈 감고 명상하며 속으로 말한다. '내 몸이 어둠 속으로 녹아든다.' 이어서 위로, 아래로, 앞으로, 뒤로, 안으로, 밖으로, 온통 모든 곳에 가득한 무한 어둠을 둘러본다. 그런 다음, 내 몸을 감싸고 있는 무지개 빛깔 풍선을 상상한다. 그 빛깔 풍선은 아무리 숨을 불어넣어도 터지지 않는다.
천천히 숨을 내쉬며 내가 숨을 불어넣는 대로 커져서 내 몸과 지구를 포함하여 하늘의 별들과 태양계와 은하계 모두를 감쌀 만큼 커지는 무지개 빛깔 풍선을 계속 그려본다.

··❮ 3 ❯··

척추를 세우고 바로 앉아서 어깨는 가볍게 모으고 가슴은 펴고 배는 안쪽으로 당기고 손은 허벅지와 배가 닿는 곳에 얹어둔다. 그리고 몸과 집과 땅과 하늘을 잊어버린다. 생각과 느낌도 잊는다. 오직 내 안의 무한공간을 느껴본다.

스스로에게 말해준다. "나는 무한이다. 나는 무한하다. 나는 무한이다." 내가 모든 것 너머에 있음이 느껴질 때까지 이 말을 반복한다. "나는 시간이 없다. 나는 공간이 없다. 나는 몸 너머, 생각 너머, 말 너머에 있다. 물질 너머, 생각 너머에 내가 있다. 나는 무한이다. 나는 무한하다. 나는 무한 지복至福이다."

··❰ 4 ❱··

양미간에 마음을 모은다. 몸 안의 숨을 모두 뱉어내고 천천히 숨을 들이쉰 다음, 숨을 멈추고, 열둘까지 수를 세면서, 양미간에 집중되는 에너지를 느껴본다. 천천히 숨을 내쉰다. 다시 숨을 천천히 들이쉬고, 숨을 멈추고, 스물넷까지 수를 세면서 양미간에 집중되는 에너지를 느껴본다. 천천히 숨을 내쉰다. 다시 숨을 천천히 들이쉬고, 숨을 멈추고, 서른여섯까지 수를 세면서 양미간에 집중되는 에너지를 느껴본다. 숨을 천천히 내쉰다. 이번에는 숨을 잊어버리고 양미간에 집중되는 에너지를 느껴본다.

··❰ 5 ❱··

어둠으로 가득한 공(ball)을 상상한다. 그 어둠의 공이 차츰 커지면서 내 방과 마을, 도시가 그 속에 잠기는 것을 느껴본다. 공은 더욱 커지고 내 나라와 다른 나라들, 지구, 별들, 은하수 그리고 마침내 온 우주를 감싸 안는다. 이제 그 공이 서서히 빛으로 바뀌는 것을 상상한다. 빛으로 환해진 공에 모든 것이 포함되는 것을 느껴본다. 모든 공간이 눈부신 빛의 공인데, 그 공이 끝없는 행복으로 바뀐다.

### 홍사우 호흡법

이것은 언제 어디서나 할 수 있는 호흡법이다. 어디 있든지 척추를 바로 세우고 앉아서 몸과 마음을 가라앉힌다. 눈을 감거나 반쯤 떠서 양미간을 응시한다. 고요한 상태로 들숨과 날숨을 바라본다. 숨을 통제하지 않는다. 숨이 자연스럽게 들어오고 나가게 한다. 숨을 들이쉬면서 오른손 검지로 목을 가리키고 속으로 '홍hong—' 한다. 숨을 내쉬면서 손가락을 앞으로 내밀고 속으로 '사우sau—' 한다. 손가락을 쓰는 것은 좀더 효과적으로 집중해 들숨과 날숨을 분별하려는 것이다.

호흡을 통제하려고 하지 말 것! 다만 고요하게 숨을 관찰하는 자로 남아서 들숨과 날숨이 몸으로 들어오고 나가는 것을 지켜보기만 한다.

초보자는 적어도 십 분쯤 신중하게 집중해서 수련한다. 수련 시간은 길수록 좋다. 이 방법으로 계속 수련하면 내면의 고요를 느낄 수 있고, 마침내 자신이 몸이 아니라 영靈임을, 물질인 몸을 초월하여 존재하는 영靈임을, 깨치게 될 것이다.

팔걸이 없는 의자에 똑바로 앉는다. 어깨에서 발까지 담요를 덮는다. 등받이에서 등을 떼고 등과 다리가 직각이 되게 앉아 동쪽을 향한다. 편안한 자세로 '홍사우 호흡'을 하는데, 숨을 들이쉬면서 온몸을 긴장시켰다가 내쉬면서 긴장을 풀어준다.

'홍사우 호흡'은 잠시 짬이 나는 순간에도, 예컨대 병원 대기실에 앉아서도 할 수 있다. 눈을 감거나 반쯤 뜨고 양미간 쪽을 응시하면서 '홍'과 '사우'를 반복하는데 손가락은 움직이지 않는다. 이 호흡법의 목적은 눈길을 바깥세계에서 돌려 안으로 향하게 하고 이런저런 감각들로부터 자유로워지는 데 있다. '숨'이 몸과 영혼을 이어주는 거의 유일한 연결고리이기 때문이다. 물고기에게 물이 필요하듯이 사람에게는 공기가 필요하다. 들숨과 날숨 사이 공백에서 숨을 멈추고 온몸을 위로 끌어올리면 사람은 천사들이 머무는 빛의 천계天界에 들어갈 수 있다. 몸으로 들어오고 나가는 숨을 그냥 바라보기만 하면 자연스럽게 호흡이 느려지다가 마침내 심장과 폐와 횡격막의 평화를 어지럽히는 움직임을 고요하게 만들 수 있다.

생각해보자. 우리 심장은 하루 종일 피를 펌프질한다. 몸의 다른 기관들은 비록 잠정적이지만 밤에는 쉴 수 있다. 하지만 심장은 그럴 수 없다. 인체에서 일을 가장 많이 하는 게 심장이다. 과로할 때도 있다. '홍사우 호흡'은 심장에 휴식을 주어 수명을 연장하고 생명 에너지를 온몸에 좀더 잘 분배해서 세포들이 쇠약해지는 것을 막아준다.

간단하지만 이 매력적인 호흡법은 인도가 세계에 이바지한 최고 중의 하나다. 사람들이 몸에 국한된 의식 위로 올라가 자신이 불멸하는 영靈임을 깨닫게 해준다. '홍사우'는 '내가 그다. (I am He.)'라는 뜻인 산스크리트어 '아함-사하aham-saha'에서 온 말이다.

## 고요한 마음의 중요성

잠잘 때는 우리 감각들이 휴식한다. 스스로 원한 것은 아니더라도, 우리 영靈이 몸을 떠나 완벽하게 휴식하는 것이 죽음이다. 심장의 움직임이 멈추면 죽음이 온다. 홍사우 호흡법을 수련하면 사람이 제 심장을 스스로 멈출 수 있고, 의식이 깨어있는 상태로 자기 죽음을 경험함으로써 죽음에 대한 불명확함과 두려움을 없앨 수 있다. 실제로 사람이 억지로 죽거나 엉겁결에 죽지 않고 스스로 자기 몸을 떠나서 죽음을 맛볼 수 있다.

시간 나는 대로, 아니, 원하는 만큼 이 호흡법을 수련하라. 소년시절에 나는 한 번에 일곱 시간씩 이 방법으로 무호흡의 황홀경을 경험하곤 했다. 이 수련으로 얻게 되는 고요함을 계속 유지하라. 가능한 만큼 오래 그 평화를 유지하는 것이다. 일상에서 사람 만나고, 공부하고, 사업하고, 생각할 때마다 그 고요와 평화를 적용하라. 내면의 좋지 않은 버릇에서 벗어나고자 할 때, 자제력을 수련할 때 그 도움을 받으라. 안 좋은 상황을 피할 수 없을 때, 이 수련에서 얻은 깊고 고요한 마음으로 상황에 대처하라. 영혼의 직관력이 최선의 결과를 가져다줄 것이다.

이 수련을 정확하게 하려면 반드시 깊고 진지하게 집중해야 한다는 사실을 기억하라. 그렇다고 어떤 감각을 긴장시키라는 말은 아니다. 평안하고 조용하게, 그리고 존중하는 마음으로 수련하면서 고요 속에서 우주 진동인 '옴AUM'을 듣고, 그것에 동화될 준비가 되어있는 자신을 느끼라. 당신의 내면에 영혼으로 존재하는 '위없이 높은 영靈'에 연결되도록 '홍사우' 호흡법이 도와줄 것이다. 좋은 결과가 있을 것이다. 그리하여 신성한 능력의 저장고에 연결된 자신을 보게 되리라.

조바심내지 말라. 안정을 유지하라. 이 수련을 일상으로 받아들여서, 밥 먹거나 칫솔질하거나 목욕하거나 잠을 자거나, 하루의 중요한 부분으로 삼으라. 몸과 마음을 건강하게 유지하는 데 큰 도움이 될 것이다. 다른 모든 일이 그렇듯이, 이 일도 하루 이틀 사이에 최선의 결과가 나오는 건 아니다. 수련하라. 꾸준히 수련하라. 거기서 오는 '고요의 힘'을 일상에 적용하라. 이 말은 경험으로 하는 말이다. 나 혼자만의 경험이 아니라 인도의 위대한 요가수행자들의 공통적인 경험에서 나오는 말이다. 물론 착실하게 수련하면 당신도 같은 경험을 할 수 있다.

## 어디에, 어떻게 집중할 것인가?

이 호흡법을 수련할 때 어디에 집중할 것인가? 맞다, 호흡이다. 그런데, 몸의 어느 부위部位에? 우선은 수축과 확장을 반복하는 폐와 횡격막에 의식이 집중될 것이다. 그 다음에는 몸의 움직임에 집중하라. 차츰 마음이 고요해지면 집중 대상을 몸에서 숨 자체로 옮겨간다. 콧구멍으로 들어오는 숨을 알아차린다. 고요가 더 깊어지면 콧구멍 어디로 숨이 들어오는지를 느껴본다. 처음에는 콧구멍 아랫부분에서 느껴질 것이고, 마음이 더 고요해지면 콧구멍 윗부분에서 느껴지다가, 마음이 더욱 더 고요해지면 양미간을 통과하여 머릿속으로 들어가는 숨이 느껴질 것이다. 거기가 몸에서 실제로 집중이 일어나는 곳이다.

호흡의 근원은 천계天界의 몸(astral body)에 있다. 요가의 가르침에서 '이다ida(인체에서 왼편, 음의 성질, 부교감신경을 관장한다고 알려진 에너지 통로-편집자 주)'로 알려진 통로를 지나 위로 올라가는 움직임에 천계의 들숨이 일치한다. 천계의 날숨은 '핑갈라pingala(인체에서 오른편, 양의 성질, 교감신경을 관장한다고 알려진 에너지 통로-편집자 주)' 통로를 지나 아래로 내려가는 움직임과 일치한다. 이 통로들은 생선가시처럼 가늘게 두 줄기로 척추를 따라 길게 이어진다.

'이다'를 통해 위로 흐르는 에너지는 몸의 들숨에 해당되고, '핑갈라'를 통해 아래로 흐르는 에너지는 몸의 날숨에 해당된다. 이렇게 아래로 내려가고 위로 올라가는 에너지 흐름으로 천계의 숨이 이루어진다. 그리고 그에 어울리는 반응을 불러온다. 위로 올라가는 에너지가 강할 때는 긍정적인 반응이 일어나고 몸의 들숨도 차분해진다. 아래로 내려가는 에너지가 강할 때, 또는 날숨이 들숨보다 길 때는 한숨이 나오고 무언가에 대한 거부감이 느껴진다. 들숨이 날숨보다 더 길어지면 긍정적이고 심지어 신나는 반응까지 나타내기도 한다. 날숨이 들숨보다 길어지면 자기 안으로 움츠러들게 된다. 잠잘 때는 보통 날숨이 들숨보다 배로 길어진다. 들숨과 날숨의 길이가 같으면 내면에서 균형均衡이 이루어진 것이다.

··❰ 7 ❱··

홍사우 호흡을 할 때 억지로 숨을 조절하려 하지 말라. 자연스럽게 숨 쉬면서 숨이 어떤 통로로 드나드는지 눈여겨보라. 들숨이나 날숨 뒤에 숨이 멎으면 그것이 다시 이어질 때까지 기다리면서 숨과 숨 사이의 고요한 짬을 즐기라. 숨이 들어올 때 속으로 '훙—' 하고, 나갈 때 '사우—' 하는 것을 유념한다.

이 수련의 목적이 숨과 숨 사이 고요한 짬의 길이를 늘이는 데 있다는 사실을 기억하라. 들숨 끝에 곧장 날숨이 나가지 않으면 그 무호흡 상태를 즐기는 것이다. 숨이 다시 나갈 때 '사우—' 한다. 날숨 끝에 들숨이 곧장 들어오지 않을 때도 마찬가지로 숨이 들어올 때까지 무호흡 상태를 즐긴다. 숨이 들어오고 나가는 사이 고요한 짬을 즐기되 그 상태를 길게 유지하려고 억지를 부려서는 안 된다.

호흡을 관찰하면 자신의 영혼을 자기 몸이나 숨과 동일시하지 않게 된다. 호흡을 관찰하면서 에고를 숨에서 분리하고, 자신의 몸이 호흡을 통해 부분적으로 존재한다는 사실을 깨치게 된다.

호흡을 계속 관찰하면 숨결이 저절로 고요해지고 일정한 리듬을 찾게 된다. 조용히 호흡을 관찰하면 숨과 함께 마음이 고요해지는데, 그 고요한 마음과 호흡으로 신장, 폐, 횡격막의 움직임이 잠잠해진다.

편안한 휴식과 깊은 날숨으로 심장과 폐와 횡격막 등 신체기관들의 움직임이 자연스레 멈추면, 심장의 펌프질로 만들어진 '생명 에너지'가 척추로 회수되면서 수억만 세포들에 분배되어 그 부패를 막아준다. 이 상태에서 세포들은 산소와 더불어 생명을 연장시키기 위한 음식물이 필요 없어진다. 안팎으로 신체기관들이 부패하지 않으니까 정맥의 피가 심장으로 돌아와 산소로 정화淨化되어야 할 이유가 없는 것이다.

　정맥의 피에 불순물이 생기지 않고 안팎의 움직임이 멈추면 폐와 심장이 일하지 않아도 된다. 이렇게 사람이 심장의 움직임에서 자유로워질 때, 그리하여 온전히 '하느님 말씀(우주 에너지)'으로 살 때, 그 몸이 우주 에너지로 충전充電되어 외부적인 생명 공급원(음식, 물, 공기)에 의존하지 않아도 되는 것이다.

··❮ 8 ❯··

　명상하는 동안 요가수행자는 양미간 의지 센터(will center)에 집중되는 힘과 더불어 온몸에서 충만한 평화를 느낀다. 뇌에서 과거의 실패나 질병의 씨앗들을 제거하려면 전체 뇌가 평화와 집중의 힘을 느껴야 한다. 뇌세포들이 평화와 집중의 힘으로 충만해지면, 과거로부터 물려받은 화학적·심리적 유전자들이 달라진다.

··❮ 9 ❯··

　밤마다 명상할 때 하느님께 기도드리라. 어려서 부모에게 떼를 썼듯이 그렇게 울부짖으라. "어디 계세요? 당신이 저를 만드셨습니다. 저 꽃들 안에, 달 안에, 별들 안에 당신은 계십니다. 그렇

게 거기 은밀히 숨어계셔야만 하나요? 오십시오. 제게로 오셔야
해요. 오셔야 합니다!" 가슴의 지성과 사랑으로, 침묵의 베일 앞에
서, 눈물 흘리라. '헌신獻身'이라는 작대기로 허공을 휘저으라. 거
기서 하느님이 나오실 것이다.

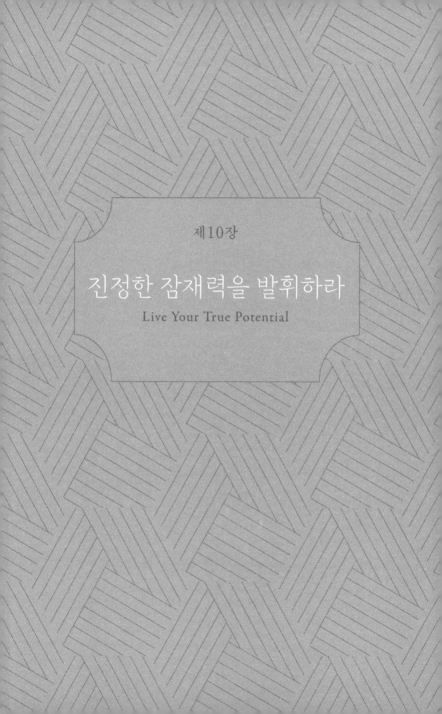

제10장

# 진정한 잠재력을 발휘하라

Live Your True Potential

••❮ 1 ❯••

깨어있는 영혼은 점점 욕망이 줄어든다. 그리고 제 영혼이 모든 것으로 충만한 바다라는 것을 알게 된다. 하지만 그 영혼은 남들을 돕고자 하는 욕망 같은 고상한 욕망 속에서 자신의 평화를 잃지 않는다. 오히려 자기가 도와준 사람들의 기쁨으로 자신의 기쁨이 더욱 커지는 것을 본다.

사소한 욕망들을 채우려고 허둥대다가 영혼의 평화를 어지럽히지 말라. 작은 욕망들로 구멍이 나서 내적 평화의 저장고가 새면 물질의 덧없는 모래밭으로 '만족'이라는 생수가 유실遺失되고 만다.

••❮ 2 ❯••

정서적 균형을 기르라. 불안을 극복하려면 어떤 일을 하든 괜히 흥분하여 설치거나 쓸데없는 의심으로 마음을 무겁게 하지 않겠다는 결심부터 단단히 하라. 그러고는 당장 해야 하는 일에만 생각을 집중하라. 방금 마친 일은 잊어버리고 곧장 다음 일로 넘어가는 것이다.

## 요가난다의 서약 誓約

• 요가의 가르침에 집중하고 그 방법을 날마다 성실하게
수련하겠습니다.
• 골방이든 방 한 구석에 커튼을 치든 어디라도 머무는 곳에
작은 신전神殿을 마련하겠습니다.
• 그 신전의 사제司祭가 되어 자신을 바로잡고, 훈련되지 않은
생각과 느낌들로 이루어진 회중會衆을 가르쳐서 스스로
이상적인 본本이 되어 이웃을 제대로 섬기겠습니다.
• 날마다 최선을 다해 물질과 정신과 영靈으로
다른 사람들을 돕겠습니다.
• 아래의 도덕적·영적 규칙을 지키도록 노력하겠습니다.

1) 남을 판단하지 않습니다. 판단한다면 나 자신만 합니다.

2) 다른 사람에 대한 험담은 하지도, 듣지도 않습니다.

3) 매사에 실력을 십분 발휘하도록 노력합니다.

4) 피동적으로 하느님을 의존하지도 않고,

무슨 일로 성공했을 때 자신의 공功만을 주장하지 않습니다.

5) 내 능력과 내 안에 계신 하느님의 능력으로 인생에서 성공합니다.

6) 모든 교회당과 사원寺院을 아버지 집으로 사랑하고

그곳의 가르침을 충실히 따르며 살아갑니다.

•‹ 3 ›••

어떤 상황에서도 침착하게 자신의 길을 가야 한다. 시련의 폭풍이 닥쳐도 '지복至福'이라는 항구를 향해 '집중'이라는 배를 저어 갈 수 있고, 그래야 한다.

보통사람은 자기가 처한 환경의 영향을 받는다. 집중하는 사람은 자기 인생의 꼴을 스스로 빚는다. 날마다 그날의 계획을 세우고, 하루가 저물면 그 계획이 이루어졌는지, 그래서 하느님과 자기 인생목표에 더 가까워졌는지를 점검한다.

자신이 겪는 어려움의 탓을 남에게 돌려서는 안 된다. 아침마다, 친구와 적에게 똑같이 친절하겠다고, 어제보다 더 깊이 명상하겠다고, 좋은 책을 읽거나 좋은 음악을 듣겠다고 결심하라. 자신이 지금 앞으로 나아가고 있는지 아닌지를 살펴보라. 고인 물이 되지 말라. 스스로를 일깨워 계속 앞으로 나아가라.

•‹ 4 ›••

내가 원하는 것이 내게 마땅한 것인지를 확인하라. 과연 그러하거든 그것을 얻으려고 최선을 다하되 언제 어디서나 하느님께 마음을 두라. 하느님을 아는 것 말고는 다른 무엇도 욕망하지 말라. 그러면 모든 것이 자신에게 올 것이다.

••❮ 5 ❯••

의지력을 키우려면, 할 수 없겠다 싶은 일을 하기로 작심하고 한 번에 한 가지씩 일을 완수하는 데 있는 힘을 다 하라. 잘 선택했다는 확신을 품고 실패에 좌절하지 말라. 이번 생生에서 자신을 완벽하게 성취하는 데 의지력을 활용하라. 자신의 마음에 점점 더 의존해야 한다. 그 마음이 자기 몸과 환경을 만드는 동력이기 때문이다.

••❮ 6 ❯••

이제부터 흥미로운 임무는 옹근 마음으로, 흥미 없는 임무는 깊이 집중해서 하기로 마음먹으라. 중요한 일에 마음을 집중할 때는 속에서 일어나는 잡다한 생각들을 몰아내라.

많은 사람들이 중요한 일을 하면서 엉뚱한 것들을 생각한다. 돈도 잘 벌지 못하면서 남편 노릇도 제대로 못하는 사업가들이 있다. 회사에서는 아내와의 일로 고민하고, 집에서는 회사 일로 마음이 뒤숭숭하기 때문이다.

한 번에 한 가지씩 몸과 마음을 일에 집중하라. 자신의 능력이 하느님의 능력과 결합되어 무한능력으로 증강될 때 그것은 초超능력이 된다.

••❮ 7 ❯••

아침마다 일어나서 한 시간, 밤마다 자기 전에 한 시간, 규칙
적으로 명상하라. 명상을 마치면 가만히 앉아서 고요한 평화를 몸
으로 느끼라. 명상 도중이나 명상을 마친 뒤에 고요한 평화를 맛보
게 해주는 그 느낌을 '직관直觀(intuition)'이라고 한다. 날마다 직관
의 힘을 수련하면 그것이 자라서 언제든 자신을 도울 수 있다.

어떤 문제를 직관으로 풀고 싶다면 먼저 깊은 명상과 침묵으
로 들어가라. 명상 중에는 문제를 생각하지 말라. 고요가 자기 몸
구석구석을 채우는 것이 느껴질 때까지, 호흡이 절로 차분하고 편
안해질 때까지, 명상을 계속하라. 그러면서 양미간과 가슴에 의식
을 집중한다. 자신의 직관을 인도해달라고, 그래서 문제를 어떻게
풀어야 할지 가르쳐달라고 하느님께 청하라. 직관능력을 기르는
방법은 다음과 같다.

- 평소에 상식적으로 처신한다.
- 날마다 자기를 반성하고 분석한다.
- 깊이 생각하고 신중하게 행동한다.
- 고요를 수련한다.
- 명상 뒤의 고요한 상태를 계속 유지한다.

직관적 감수성感受性을 키우는 데 집중해야 한다. 모든 앎의 바탕이 자기 안에 있다. 깨어난 뇌腦를 통하면 모든 것을 이해하게 될 것이다.

··❮ 8 ❯··

요가수행자는 언제 어디서나, 무엇을 하든 누구를 만나든, 명상으로 얻은 마음의 평화를 유지하려고 노력한다. 명상하고 나서 평화平和의 천사가 되었다가 진창에 모자를 떨어뜨렸다고 불화不和의 악마로 바뀐다면 명상을 괜히 한 셈이다. 명상은 잃어버린 평화의 본성을 되살려준다. 그러면 스스로 만든 불안을 제거할 수 있다.

··❮ 9 ❯··

명상 뒤에 오는 평화로운 상태에 집중하라. 번잡한 생각들로 그것을 어지럽히지 말라.

참깨자루를 땅에 떨어뜨리면 흩어진 깨알을 긁어모으기 쉽지 않다. 자신의 불찰로 집중의 자루가 풀어지면 온갖 생각들이 깨알처럼 흩어져서 다시 모으기 무척 어려울 것이다. 모든 생각을 한데 모아 집중의 힘으로 갈아 으깨면 '자기 깨달음'이라는 기름을 얻을 수 있다.

••◀ 10 ▶••

　사람들이 알아주기를 바라지 말라. 하느님을 기쁘시게 해드리라. 그러면 사람들이 당신에게서 하느님을 반영하는 속성을 느끼고 알아볼 것이다. 하루하루 언제 어디서나 하느님을 가슴의 횃불로 모시라. 의식적으로 하느님과 연결된다면 결코 혼자 외로운 신세로 남지 않을 것이다. 모든 사람이 나를 버리고 떠날지라도 그분은 나를 버리지 않으신다.

　하느님이 사랑으로 당신을 유혹하시도록 그분께 기회를 드리라. 다른 무엇도 당신을 유혹하고 쓰러뜨리지 못할 것이다. 알록달록한 물질의 유혹에 홀린다면 그것은 아직 행복한 영혼의 기쁨을 맛보지 못해서다. 그 둘을 모두 경험한 뒤에야 비로소 그것이 어떻게 다른지를 알 수 있을 것이다.

　자신의 버릇을 살펴보고 아직도 그 버릇의 지배를 받고 있는지 알아보라. 그리고 내가 주인이라는 것을 보여주라. 어떤 것도 자신의 행복을 가로채지 못하게 하라. 하느님을 알고 그분 안에 머물기 전에는 결코 만족하지 못할 것이고, 불행에서 자유롭지도 못할 것이다. 자신의 영혼이 옹근 전체를 발견해야 한다.

　기억하라, 마침내는 진정한 덕德이 내 마지막을 장식할 것이다. 이번 한 생生에서 그 일이 이루어지지 않는다 해도 고통과 상실로 낙심하지 말라. 고통 속에서 다른 사람에게 공감하고, 모든 사람 안에서 자기 자신을 보는 법을 배우라. 마침내 자신의 왕국에 들어가 예기치 못했던 행복을 맛보게 될 것이다.

··❰ 11 ❱··

시도하는 일이 처음부터 성공할 것이라 기대하지 말라. 일이란 성공할 때도 있고 실패할 때도 있는 법이다. 에너지를 집중해 가장 가까운 일에 착수하되 최선을 다하라.

하느님의 풍요와 하나가 되기를 바란다면 마음에서 궁핍이나 부족에 대한 생각을 지워버려야 한다. 우주의 마음(Universal mind)은 완벽하다. 결핍을 모른다. 절대로 파산하지 않는 보급 창고와 연결되고 싶다면, 지금 당장 무일푼 신세라 해도 항상 풍요로움을 의식해야 한다.

모든 일이 직접이든 간접이든 하느님의 법에 결부되어 있다. 그러니 하느님이 자신에게 내어주신 문제를 해결하려면, 명상을 통해 하느님의 의식을 내면으로 끌어들이라.

•‹ 12 ›•

　언제 어디서나 하느님 안에 있는 자신의 내적 완벽함에 대한 생각을 놓지 말라. 비록 오랜 세월 오물더미에 묻혀 있었더라도, 하느님은 여전히 순금純金이시다.

•‹ 13 ›•

　'내가 행복해지려고 남을 행복하게 해주는 것'을 인생의 으뜸 목표로 삼으라. 무언가를 아무런 사심 없이 한다고 생각하지 말라. 언제 어디서 무엇을 하든 나 좋자고 이 일을 하는 것이라는, 남을 행복하게 해주는 데서 내 인생의 즐거움을 찾는 것이라는 생각을 놓지 말라.

•‹ 14 ›•

　하느님은 크리슈나, 예수, 다른 여러 위대한 스승들을 사랑하시는 것과 똑같은 사랑으로 당신을 사랑하신다. 당신은 같은 영靈의 바다에 속한 물방울 하나다. 모든 작은 물방울이 모여 큰 바다를 이루기 때문이다. 당신은 신의 일부다. 만물의 주인님이 당신을 중요하게 여기신다. 당신은 다름 아닌 그분의 것이다.

··❮ 15 ❯··

피아니스트가 항상 자기 음악을 생각하듯이, 하느님을 사랑하는 사람은 언제 어디서나 하느님을 생각한다. 거기서 오는 기쁨이 그의 뇌와 심장과 영혼을 먹여 살린다. 늘 새로운 그 기쁨이 바로 하느님이다.

··❮ 16 ❯··

무한하신 이(the Infinite)의 음성은 강하고 힘 있어서, 그것이 당신 몸을 관장管掌하면 온갖 잘못된 진동이 멈춘다. 그 '영원한 힘'이 당신의 목소리를 통해서, 당신의 침묵을 통해서, 당신의 행동을 통해서, 당신의 이성理性을 통해서 말하는 것이 느껴지면, 그때 당신은 무덤 너머로까지 계속될 무엇인가를 알게 된다.

··❮ 17 ❯··

당신은 자신이 유한한 존재이며 갈등하고 고통 받는다는 환각상태에 있다. 명상을 통해서 자신의 '참 자아(Real Self)'에 접속하면 자신이 그런 존재라는 생각을 잊게 된다.

날마다 고요히 앉아서 말하라. "나는 땅도 아니고 하늘도 아니다. 나는 태어나지도 않고 죽지도 않는다. 나에게는 어머니도 없고 아버지도 없다. 무한 행복이 나다." 이 말을 자주 되뇌고 생각하면 자신의 참 자아를 깨달을 수 있을 것이다. 명상하는 사람만이 초超의식 안에 영원한 행복의 땅이 있음을 깨닫게 된다.

깊이 명상할수록 그만큼 하느님이 가까이 다가오신다. 명상이 주는 평화는 하느님의 언어고 모든 것을 껴안아주는 위안慰安이다. 먼저 내면에서 평화의 보좌에 앉으신 하느님을 찾으라. 그러면 온갖 고귀한 인생경험에서, 진정한 친구들과 자연의 아름다움, 좋은 책들과 선한 생각들, 숭고한 염원에서 그분을 보게 될 것이다.

하느님 아닌 그 누구도 무엇도 당신을 만족시켜주거나 당신의 불행을 말끔히 씻어주지 못한다. 옹근 전체의 한 부분인 당신의 영혼이 완벽한 '하나'를 찾아야 한다. 당신의 만족이 하느님 안에서 완전한 만족을 얻어야 하고, 당신의 지식이 하느님의 지혜로 갈증을 해소해야 한다. 당신의 평화가 하느님의 평화로 완전해질 수 있고, 당신의 존재가 하느님의 영원불멸로 불멸할 수 있다. 당신의 의식은 우주 의식에 속해야만 끊임없이 지속될 수 있고, 당신의 기쁨은 하느님의 기쁨과 하나가 될 때 비로소 영원할 수 있다.

·· ❰ 18 ❱ ··

인생 백년이라 하지만 하느님의 의식으로는 며칠, 아니 몇 시간이다. 깨어나라! 자지레한 꿈들에서 깨어나 내면의 드넓은 깨달음으로 들어가라. 당신은 감각의 꽃송이에서 독毒 있는 꿀을 찾아 날아다니는 꿈속의 벌이다.

오라, 내가 보여주겠다. 숱한 입으로 '모든 가슴과 사물'이라는 벌집에 숨겨진 지극히 복된 감로甘露를 마시는 영원한 불이 당신의 정체라는 것을. 이제 더는 허망한 인간 행위로 오래된 인간의 버릇을 먹여 기르지 말라. 그러지 말고 끊임없이 명상하되 언제 어디서나 하느님을 사랑하라. 그리하여 육신에 매이고 감각에 매인 생각과 버릇 대신, 없는 곳 없는 자신의 본성이 의식 안에서 되살아나게 하라.

모든 가슴에서 '하느님의 사랑'이라는 감로를 마시라. 모든 가슴을 하느님 사랑의 신주神酒를 담아 마시는 술잔으로 대하라. 하나의 가슴에서만 신성한 사랑을 마시는 게 아니라, 모든 가슴에서 하느님의 사랑만을 마시라.

명상 안에서 맛보는 기쁨으로 하느님을 사랑하는 법을 배우라. 승리가 가깝다. 성급히 달리기 전에 좋은 길만 선택해야 한다. 결혼생활이나 영성생활을 시작할 때 하느님을 먼저 생각하라. 길가는 걸음걸음 하느님을 생각하라.

자신의 의지로 좋은 음식을 선택하라. 그 음식을 먹기 전에 하느님을 생각하라. 그것을 먹으면서 하느님을 생각하라. 다 먹고 나서 하느님을 생각하라.

하루 종일 자기 의식의 신전神殿에 하느님을 모시라. 모든 말과 행동이 하느님 사랑으로 물들게 하라. 분별 있게 말하고 행동하되 하느님에 취해 있으라. 하루의 모든 행위를 하느님에 대한 기억을 모신 신전으로 삼으라. 모든 행동으로 그분을 즐겁게 해드리라. 모든 행위와 생각의 성소에서 그분이 반짝반짝 빛나실 것이다.

잠들기 전, 가슴 깊은 곳에 하느님의 사랑을 모시라. 크리슈나, 그리스도, 평화, 지복의 제단에 휴식하시는 그분을 꿈에서 뵙게 될 것이다. 잠자리에 들 때는 하느님께서 평화와 기쁨의 품으로 당신을 안아주신다. 그러니 잠 속으로 빠져들기 전에 그분을 평화로이 안아드리는 자신을 상상하라.

마음속 보좌에 평화와 기쁨을 받들어 모시라. 누구를 만나든 무엇을 하든 기쁨을 맛보라. 이렇게만 할 수 있으면 우주가 부서져 가루가 되고 온몸이 온갖 시련으로 무너져도 언제나 당신의 기억 속에서 춤추시는 그분을 볼 것이다.

'기쁨'이라는 영적 보물을 붙잡으라. 다른 사람들 마음에도 기쁨을 불어넣고 길러주라. '근심'이나 '이기심'이라는 강도에게 기쁨을 내어주지 말라. 죽음이 문을 두드리더라도, 당신의 잠재의식이 '모두 잃었다'고 말하더라도 기쁨을 놓지 말라.

억누를 수 없는 기쁨의 침묵으로 온갖 시끄러운 소리를 잠재우라. 그러면 당신의 느낌과 생각의 제단 위로 내려오시는 하느님이 느껴질 것이다. 악과 불행과 곤경이 스스로 만든 꿈이라는 것을 알게 될 것이다. 당신은 그동안 잠들어 나쁜 꿈을 꾸었다. 이제 하느님 안에서 깨어나라. 깨어나서 모든 곳에 실재하는 기쁨과 덕德을 온몸으로 느끼라.

## 옮긴이의 말

사람이 다른 동물보다 두뇌가 월등하게 진화하여 만물의 영장이라는 이름으로 그동안 지구별을 다스려왔지만, 이른바 '인공지능'이 현재 속도로 진화하면 머잖아 사람이 하는 온갖 일을 그것들한테 빼앗길지 모른다는 말이 들린다. 재미있는 건 그게 그냥 한번 해보는 공상空想이 아니고 눈앞에서 실현되고 있다는 점이다. 요즘 젊은이들의 신조어 가운데 티엠아이TMI('Too Much Information'의 약자)라는 말이 있는데, 그건 아는 게 많은 사람을 존경해서가 아니라 쓸데없는 잔소리가 많아서 귀찮은 존재로 경멸하는 뜻이란다.

그러니까 무슨 말이냐 하면, 머리 좋고 많이 배워 많이 아는 사람이 그러지 못한 사람들 위에 군림하여 세상을 이끌던 시절이 종말을 눈앞에 두었다는 얘기다. 누구든 스마트폰 클릭 한번이면 백과사전이 펼쳐지는 세상에서 남보다 많이 안다는 게 무슨 소용이란 말인가? 생각하면 기분 좋고 반가운 소식이기도 하다. '아는 게 힘'이라는 말이 더이상 통하지 않게 되었으니.

자, 그럼 과연 인간이 제가 만든 인공지능에 밀려 지구별 역사의 뒷자리로 물러설 것인가? 그건 알 수 없지만, 그러거나 말거나 우리로서는 이런 상황을 어떻게 대처할 것인가 고민할 수밖에 없다. 아직은 곧 죽어도 사람이니까.

영어사전에서는 '마인드mind'와 '하트heart'를 둘 다 '마음'으로 풀이

하면서 마인드는 정신·머리·지능 쪽으로, 하트는 가슴·심장·느낌 쪽으로 뜻을 풀어간다. 대략, 마인드가 머리로 생각하는 마음이라면 하트는 가슴으로 느끼는 마음이라 하겠다.

바야흐로 인간의 가슴이 머리보다 우선하는 세상이 이렇게 밝아오는 것인가? 당분간은 인공지능이 인간의 가슴을 감동시킬 수는 없을 것 같아서 하는 말이다.

이 책은 반세기도 전에 나온 것이지만, 벌써(?) 사람의 머리보다 가슴을 말하고 있다. 머리보다 가슴이 먼저고 더 정직하다는 건 우리 모두 경험으로 알고 있다. 감히 예견하거니와 앞으로는 머리 잘 돌아가는 사람이 아니라 가슴을 움직이는 사람이 사회의 지도자가 될 것이다. 사회 지도자가 되기 위해서가 아니라 사람답게 살기 위해서, 옛 어른들처럼 가슴으로 사는 세상을 만들 필요가 있다.

요가난다는 말한다. 모든 사람 안에 하느님이 현존한다고. 그 하느님이 인간의 정신적 혼란(mental restless) 때문에 일그러져 있다고. 우리 모두 마음을 집중시키는 명상의 힘으로 내면의 일그러진 하느님을, 본디부터 자기 안에 있는 놀라운 잠재력을 되살려낼 수 있다고.

삼인출판사의 계산속 없는 노고에 감사하며 우주의 하느님이 그에 합당한 보상을 내려주시리라 믿는다. 이번에도 승권 아우와 수진 누이가 애 많이 써주었다. 옮긴 사람으로서 다만 고맙고 고마울 따름이다.

2023년 5월

충주 노은에서 무무无無